少女のための性の話

三砂ちづる

ミツイパブリッシング

少女のための性の話　目次

1章　毎月生まれ変わる　7
毎月生まれ変わる　8
恋をする理由　15
生理のお手当て　22
胸のふくらみ　29
賢い女性と呼ばれる職業　36
お股を大切に　43

奇跡のプロセス ❀ 50

2章 誰とでも寝ていいの？ 57

ひなまつり ❀ 58
おかあさんじゃない人 ❀ 66
お産ってどんな経験？ ❀ 73
誰とでも寝ていいの？ ❀ 80
失恋したら ❀ 87
ふれること ❀ 94
母性について ❀ 101

3章　子どもができるまで　109
子どもができるまで　110
子育てってたいへん？　117
布ナプキンの使い方　125
一枚の布　132
胸が張る　139
人は何度恋をする？　146
4章　からだを信頼すること　155
やわらかいからだ　156

セックスを通じてうつる病気 ❀ 164
冷えないように ❀ 172
避妊について ❀ 180
からだを信頼すること ❀ 188
選択 ❀ 196
あなたはどこからきたのか ❀ 204
あとがき 212

1章

毎月生まれ変わる

毎月生まれ変わる

◆めんどうくさい？

生理、どうですか。順調ですか。つらくないですか。なんでこんなにめんどうくさいことが毎月あるのかなあ、って思っていませんか。きっと思っていますよね。

毎月毎月、今日だっけ、明日だっけ、と考えるのは心配なものだし、毎月、いろんな行事があるたびに、生理のことが気になる。修学旅行、校外学習、体育祭に文化祭、部活の試合にマラソン大会。やれやれ、今日だけはあたってほしくなかった、なんていう日に生理がきたりしますよね。「めんどうくさいもの」、「いやなもの」、「なければないほうがいいもの」、そんなふうに思っているかもしれない。

初潮がきたとき、びっくりしましたよね。

こんなものがある、というのは小学校の保健の授業とか、おかあさんとかに聞かされてはいたけれど、実際にどういうものがやってくるのか、想像もつかなかったのにちがいない。ここから血液が出るなんてなんとおそろしいこと、と思っていたかもしれない。最初のときにどっとたくさん出ちゃって、すごく服を汚して、はずかしいことになったらどうしたらいいの、と思っていたかもしれない。

それでもきっとじつは、はじまってみれば、「たいしたことなかった」のではないですか？

最初、ちょっと下着に色がつく程度の月経血《げっけいけつ》で気がついて、おかあさんに言ったり、保健の先生に言ったり、おねえちゃんに言ったりして、生理用ナプキンをもらって、ことなきを得た、という感じではないでしょうか。

大人の女性になるあなたのからだに起こってくること、これからほんとうにいろいろあるのだけれど、たいがいはそんなふうに「すごく心配していたけれど、まあなんとかなった」というふうにすぎていくから、これからも、まずは心配しないでください。

この文章を読んでくれている「まだ初潮がない」あなたも、心配いりません。初潮はそんなにドラマチックに、どばっと、はじまったりしない。そっと静かにはじまるものですから、なにも気にやむことはないのです。

胸がなんとなくちょっと痛い感じがして、少しふくらみはじめて、おしもにうっすら毛が生えてきはじめたら、初潮がもうすぐくる、というしるしのことが多い。そんなふうになってきたら、自分で気づきやすいように、ちょっと薄い色のショーツをつけるようにしたほうがいいかもしれないですね。あざやかな血の色、というより、むしろちょっと褐色っぽいしるしがついていたら、生理のはじまりです。手元にあるティッシュなどをちょっとあてて、あるいはなにもあてなくても、そんなに急に出たりしないので、家族や保健室の先生に相談しに行けば、きっとやさしくしてもらえます。

◆からだも、こころもリセットできる

初潮がきたとき、お祝いをしてもらいましたか。

カナダにもともと住んでいた先住民であるインディアンの女性たちは、初潮をむかえた女の子たちには盛大にお祝いをしていたそうです。「これであなたも毎月生まれ変われるようになった」、と。

女の子が初潮をみるということは、毎月毎月、排卵《はいらん》して、いつかその卵子《らんし》が愛を交わした男の人の精子《せいし》とむすびついて受精卵となり、子宮の内壁に着床《ちゃくしょう》する、その「受精卵」のベッドを用意することができている、ということ。

そしてたいがい、まだ「受精卵」はやってこないから、その用意した「受精卵のベッド」は、はがれおちて月経血として外に出ていく、ということ。つまり、あなたの子宮の内壁は毎月ふっくらと受精卵のベッドを用意しては、使わなければ、さっさとかたづける、そして、また用意する、ということをやっているわけです。

子宮って突然言われても……。目に見えないところにある、内臓のひとつなんだから、よくわかりませんよね。

子宮っていったいどこにあると思いますか。

思わず、下腹に手をやってみるかもしれない。その辺にありそうですよね。でもじつは、あなたが手を当てているところより、子宮はもっと下のほうにあるのです。

自分の手をそのまま股《また》の前の部分に持ってくると、そこに硬い骨がありますよね。それを、その名も「恥骨《ちこつ》」、というのですが、そのうしろくらい。けっこう下のほうですね。そのあたりにあるらしいです。そっと手をあててみてください。冷蔵庫にある卵よりちょっと小さいくらいの、かわいらしい子宮はあなたのからだの中でいつか受精卵をむかえる日を夢見て、せっせとはたらいているのです。

カナディアン・インディアンの人たちは、ムーン・ロッジと呼ばれる「女だけで集まる小屋」を持っていたそうです。ムーン・ロッジは日本語に訳すと「月の小屋」でしょうか。初潮をむかえた女の子は、そこで先輩の女性たちから盛大に祝われていたらしい。

「毎月生まれ変わる」には、先ほど書いたように子宮の内壁が毎月はがれおちて新しくなる、という実際の意味もありますけれど、もっと、象徴的なもの、だと思います。象徴的ってちょっとむずかしいことばですけれど、要するに、「なにが生まれ変わるのか、わたしたちはよく知らないし、うまく説明できないけれど、生理が毎月くるようになった、ということは、あなたのからだもこころも大人の女性になってきた、ということだから、からだもこころも毎月よい状態にリセットできる」というようなことが、そのことばには、こめられている、ということです。

毎月、リセット。

文字どおり、生理が毎月きて、その生理の状態から、あなたは自分のそのひと月の様子を知ることができます。

睡眠不足だったり、すごく疲れていたり、食生活がめちゃくちゃだったり、ひどくからだが冷えたり、とってもつらいことがあった月は、生理がつらかったりするのです。上手に流れに乗れて気分よくすごせた月の生理は、わりとスムーズだったりする。まあ、いろいろありますよね、いい月も悪い月もある。人生ってそういうもの。

でも、このカナディアン・インディアンの人たちのおしえでは、そういうものでも、あいうものでも、生理がきたら全部流せます、違う人生をはじめられます、っていうことなんですね。それはすばらしいことではないでしょうか。

わたしたちは生まれてから、いろいろなこだわりを身につけて育っていく。どんなこだわりも、どこかでさらさらと流して、いま、このときに集中できるようになることが、あなたの生きていく日々をふんわり豊かにします。毎月の生理は、それを助けてくれるというのです。

生理のことを、そんなふうに思ってあげてください。

◆いろんなことがあっても

この生理は、なにか特別なことがないかぎり、あなたがだいたい五〇歳前後になるくらいまで、妊娠している時期、赤ちゃんが生まれておっぱいをあげている時期をのぞいて、ずっと毎月続くのです。

毎月、毎月、生理がくるたびに、いろいろなことがあったけど、わたしもまた、ここで生まれ変わろう、いいことも悪いこともあったけど、ここで新しい自分になれるのだ、と思ってください。

女性のからだはなんでも流していける。よきことも、そうでないことも、さらさらと流していける。それを毎月くりかえしていると、ある日、生理が終わってしまったとき（それを閉経《へいけい》、っていうのですけれど）、あなたはすっかり成熟していて、やさしい笑みとともにどんなことでも受容できるハラのすわった大人の女性になっていて、毎月の生理がなくても、なんでも流していけるすてきな人になっていることでしょう。

あなたの今月の生理が、あなたをまた生まれ変わらせてくれますように。若いあなたの過酷な日々に、心を添わせて祈ります。

恋をする理由

◆家族のかたち

あなたは誰と住んでいますか。おとうさん、おかあさんやきょうだいと住んでいるかもしれない。おじいちゃん、おばあちゃんやほかの親戚も一緒かもしれない。あるいはおかあさんかおとうさんかどちらかと住んでいるかもしれないし、ほかの人と住んでいるかもしれない。あるいはなんらかの事情で、もっと違う場所で育っているのかもしれない。

いまは、「家族は多様」ということになっているので、いろいろなかたちがあります。もちろん、「多様」でいい。あなたがいま育ち、住んでいる環境はどのようなものであっても、いまのあなたをつくっているものですから、それがいちばんいいんです。

でもおそらく、多くの方は「おとうさん、おかあさん」が一緒におられるのではないかと思う。そして、いま一緒ではなくても、一緒におられた記憶があるのではないかと思う。それって、不思議だな、と思ったことはありませんか。あなたにとっては、「おとうさん」と「おかあさん」なのですが、ちょっとあなた自身の視点をかえてみましょう。「おとうさん」と「おかあさん」って、まったく他人だったんですよ。おとうさんとおかあさんは、生まれたときから家族として一緒に育ってきたわけではない。多くの場合、大人になって、あるとき突然出会って、一緒に住むことを決めた。家族として生きることを決めた。そしてあなたのような子どもが生まれて、みんなで暮らしていく。

◆人類がはじまってからずっと

自分のこととして考えてごらんなさい。幼いころからなれ親しんだ環境や家族。それらが突然変わってしまうことがあったとしても、あなたの記憶やいまの生活には、その元のかたち、というものがあると思う。あなたはそこで育ち、そこで生活し、そこに帰っていく。大人になると、あなたはそこから出て行き、全然知らなかった男の人と一緒に暮らしはじめる。まあ、そうしない人もいますが、それがいちばん多いパターン。自らの家族との生活をはなれて、知らない男性と暮らしはじめる。おとうさんとおかあさんがやったように。

男と女がともに住みはじめるという不思議。想像できますか？　いままでまったく異なるところで育ってきて、生活習慣も違う、考えていることも違う、楽しいと思うことも違う。だいたい、男と女なのだから、からだだって、持っているものだって違う。朝起きたらまずなにをするのかしら。顔はどうやって洗うのかしら。洗面所はどんなふうに掃除するかしら。なにもかも違う生活習慣で暮らし、違うものを食べてきた人。話してきた言葉だって違うかもしれない。そんな人と、ある日突然一緒に暮らしはじめて、朝も、昼も、夜も一緒にいる。すべての生活をわかちあい、一緒に寝て、一緒に起きる。別れてしまうこともあるかもしれないけど、多くの場合、すごく長い時間をすごして、多くの場合、どちらかが死ぬまで一緒に暮らす。

それってなんだかものすごくハードルの高いことに見えませんか。そんなことするよりずっと家族と一緒にいたい、と思うかもしれないし、実際そうする人も少なからずいるんですけど、人類がはじまってから、世界中のけっこう多くの地域で、ものすごく長い歴史を通じて、多くの人は、そうやって「男と女で対になって」新しい暮らしをはじめる、ということをやってきたのです。いまでは、地球の裏に住んで、違う言葉を話して、まったく違う生活習慣で暮らしてきた人と出会って、一緒に住みはじめる、いわゆる「国際結婚」ということもとっても多い。なんだかそれはとても不思議なことです。どうして、いままで他人だった男と女が、突然一緒に住みはじめたりできるのでしょう。

◆どうして恋をするの？

好きな人はいますか？　好きな男の子。

あこがれていて、姿を見るだけで、胸がきゅん、としてしまうような男の子。遠くで見るだけでも満足かもしれないし、相手と気持ちを確かめあっていたら、もっとドキドキしますよね。

あなたが恋をしているとしたら、それは、準備。なんの準備、って、「男と女がともに暮らしはじめる」ということへの、ハードルを下げるための準備です。

あなたのその、「好き」という感情。この人のことを考えるだけで涙が出る、夜も眠れない、勉強もできない、ただただ、その人のことが気になってしまう、理不尽な感情。なんでこんなことになってしまったのだろう。その人だけのことを考えるものすごい〝ムダ〟な時間をえんえんとすごすことになってしまう。もう、よくわからないけど、あらがえない。そういう感情。

そういう感情があるから、それをわかちあえる人があらわれるから、他人だった大人の男と女は、いままでの生活を捨てて（結果としていままでの家族と一緒に住むことになるとしても、その家族の中での新しい生活をはじめる）、新しい暮らしをはじめる勇気を持つことができるのです。

どうしても一緒にいたい、はなれることができない。この人のことなら、どんな小さなことでも知りたい。どんな食べものが好きなんだろう、どんな友達がいるんだろう、どんな本が好きなんだろう、筆箱にはなにが入っているんだろう。どんな顔をして眠るのだろう。起きてきたらなにをまずするのかな。なにもかもを知りたい。「好き」という感情はそういうことをすべて際限なく求めていく尽きぬことないエネルギーを発散し、そのあげく、まったくいままで知らなかった男の人と、一緒に暮らしはじめることすらできるあなたにするのです。

いま、あなたに伝えることができるのは、男と女がともに暮らしはじめるということは、あなたの人生で起こる最もすてきなことのひとつだ、ということ。好きだ、という感情があり、相手もあなたのことを好きで、その人が一緒に住もうと言ってくれて、新しい生活をはじめるときは、そりゃあもう、天にも昇る気持ちです。好きな人の生活をすべてそばにいて見ることができる、って、信じられないくらいうれしいこと。その感情こそが「男と女が暮らす」というハードルをぐん、と下げてくれる、人生の不思議、なのです。

◆好きな人がいない？

そういう「好き」という感情がそんなにわき起こってこない、っていう人もいます。男と女が暮らしていく不思議、には、その「好き」という感情にリードされない、別のパターンもあります。人類としては、長いこと、「男と女の暮らし」は楽しいものだと思ってきたから、若いころ「好き」という感情をそんなに持たない人にも、まずは、一緒に住んでもらおう、と、まわりが男には女を、女には男を紹介する、ということが、世界中にありました。日本で俗に言う「お見合い」というやつですね。

人に紹介される。そして、紹介してくれた人が信頼できる人だから、「好き」という感情は足りなくても、えいっと勢いをつけて、一緒に住みはじめてしまう。そうしたら、だんだん、「好き」という感情がわいてきて、なんとなく長く暮らしてしまう。そういうパターンも存在するのです。

え？　そんなのいや？　そうですか？　わたしには好きな人ができてほしい……。そうですよね、それって楽しいものね。でも、もし「すごく好き」な人ができなかったり、「すごく好き」な人ができたけど、相手は自分のことを好きになってくれなかったり、そういうことが起こったとしても、大丈夫。あなたの人生には「男と女がともに暮らす喜び」はいつだって開かれているのです。

最初に書いたように、いまは家族も、人生も多様。だからなにをやってもいいし、どんなパターンもある。でも、「男と女がともに暮らす喜び」は、あなたの知らない人生の豊《ほう》穣《じょう》をもたらしてくれるいちばんすてきなもののひとつであることは、やっぱりあなたに伝えたいのです。

生理のお手当

◆便利な生理用品

毎月やってくる生理。どんなふうにすごしていますか。

ほとんどの人は、「生理用ナプキン」をおかあさんや家族に買ってもらって使っていると思います。なかなか便利なものですよね。羽根がついていたりして、薄くてももれない工夫がほどこされていて、かさかさいったりしなくて、ポケットにも入りやすい。とってもいいものが製品化されています。日本の「生理用品」の品質は、世界最高レベルだと思います。ほんとうによいものができていますし、生理用品をつくっている人たちは、女性たちがより快適にすごせるように、日夜努力を続けておられるのです。

「会社」っていうのは、自分たちが売っている「モノ」や「サービス」が、買ってくれる人の役に立つように、すごくがんばって工夫をします。「モノ」や「サービス」をたくさん売ることにより会社は利益を伸ばし、経済が成長していきます。そして、人々の暮らしは豊かになっていきます。そのような社会のことを、「資本主義社会」と言うのです。

それが、現代の社会の仕組みです。

それってどんなものかなあ、とか、いまの社会になる前はどうだったのかなあ、とか、いまの日本みたいじゃない仕組みってあるのかなあ、とか、ふと思ったあなた。その問いへの答えを見つけるために、学校で、社会とか、政治経済とか、歴史とかを学ぶのです。そういう社会の、世の中の仕組みに興味がある人は、ぜひ、いろいろ勉強してみてください。

学校が好きな人も嫌いな人もいると思うけれど、学校というのは、人間が長い時間をかけて、つくり上げてきたものです。若い人に、なんとか、この世の中のいままでの成り立ちについて、よきかたちで伝えたい、と先の世代がつくったものなのです。あなたがこの学校というシステムで、学ぶことを楽しんでくれているといいんだけど。

◆昔の人はどうしていたの？

さて便利な生理用ナプキンは、はい、あなたたちの暮らす、この資本主義社会の根本を支えている「会社」の人たちの努力によってつくられ、広がりました。

ところで、こんなふうに考えたことがある人も、いるのではないでしょうか。「昔の人たちはどうしていたのかなあ」、「こんな便利な生理用ナプキンがなかったころは、みんなどうしていたのかしら」と。

そうですよね。人類の歴史がはじまったいちばん最初から、いまのような生理用ナプキンがあったはずはない。だとしたら、どうしていたのでしょう。

わたしも、この疑問を、あなたたちと同じくらいのときから抱えていました。これ、便利だけど、こんなもの昔からあったはずないじゃない、って……。

若いころに抱えた疑問の多くは、忘れられてしまうものなのですが、そういう若いころに立てた問いが忘れられずに、一生追求してしまおう、と決めた人、そのようなことを仕事にした人を、「研究者」、と言います。だいたい大学とか研究所とかで働くことが多いのですが、別に大学や研究所にいなくても、自分で立てた問いを、別の仕事をしながら、生涯問い続けていく人もいます。それって、すばらしい人生のすごし方ですよ。あなたもぜひ、若いうちにたくさんの問いに出合ってください。問いを抱えて生きていく、というのはなかなかよい生き方なのです。

◆月経血コントロール

「便利な生理用品がないときの女性たちは、生理のたびにどうしていたのか」

いつも、わたしの頭の片隅にあった問いでした。大人になって、研究者になってから調べてみたのです。昔の女性たち、生理用品、脱脂綿ですら贅沢品だったころの女性たちは、どうやら「月経の血」も、おしっことかうんちみたいにトイレでちゃんと出していたらしい。「トイレでちゃんと出す」というのは、いったいどういうことかというと、「なんとなく月経血が出そうになる、とか、出てきた、というのがわかったときにあわててトイレに行って出す」ということで、これをわたしは「月経血コントロール」と呼んでみました。

「おしっこやうんちみたいにトイレで出せる」と言うと、「ある日、ぴたっと月経血が止められて、さっとトイレで出せる」などというドラマチックなことを想像する人もおられるようですが、これは、そういうことではありません。トイレで出す、と言うと、どうしても、おしっこするときのイメージが強いため、それと似たようなことができるんじゃないか、と思われるようですが、ちょっと違います。わかりやすく言うと「トイレに行ったときに、うんちのときのように少しおなかに力を入れて、できるだけ、出てくる月経血は出しておこうとする」ということです。まずは、そういうことなのです。トイレで出そう、と、意識してみる。

「月経血コントロール」ということができるらしい、と聞いて、わたしの周囲の女性たちは、まずトイレに行ったときに、なるべく腹圧をかけて（おなかの下のほうに力を入れて）月経血を出す、ということを試みました。

和式トイレのほうが、腹圧をかけやすいようですが、もちろん洋式でも大丈夫。量が多い日などは、便器の中がけっこう真っ赤になるくらい出たりします。ちょっぴりしか出ないときもあります。

トイレに行ったときになるべく出すように、と心がけていると、ナプキンが汚れにくくなります。そんなふうにしていると、自分自身で「月経血が出る」ということが意識できるようになる。意識できると、不思議で、トライした多くの女性たちは、「夜も、以前は大きなナプキンをつけていたのに、それがいらなくなった。朝起きてからトイレで出せばよい、という感じになった」と、言っています。

生理のとき、授業中などで椅子に座っていて、突然立ち上がったときに、あ、いま、出たな、と感じることがあるでしょう。その感じがわかる、ということは、わたしたちは意識すれば、「ちょっと出そう」とか、「いま、出るかもしれない」とか、そういうことがわかるのです。

◆まず、意識してみる

たとえば、いま、生きておられれば一〇〇歳以上の女性たちが若いころは、まだ、みんな、洋服は着ていなくて、きもので暮らしていました。きものを日常着としていたころは、下着の「パンツ」ははいていなくて、「腰巻き」だけでした。だから、「ちょっと出そう」となると、あわててトイレに行っていたようです。料亭などたくさんの女性が働くところでは、いつもトイレが混んでいた、と聞きます。おしっこじゃなくて、生理、でトイレが混んでいた、というのです。「ちょっと、このお膳を持っておいて」と仲間に頼んでトイレに駆け込んでいた、と聞きました。「出そう」というのがわかれば、「出しに行く」ということなのです。

意識、というのは大切なものです。意識するだけでできることが、あるのです。わたしたちは股にぴったりしたパンティをはいて、生理のときはそこにナプキンをくっつけているから、「お股」は意識できなくなっています。「月経血コントロール」は、おしっこのように「いつもはぴたっと止めて、トイレに行ったらさっと出す」こととは、ちょっと違います。「月経血が出そう」ということを意識できるようになって、その感覚がわかったときにはトイレに行こう、わからないときにもトイレで出してみよう、ということを、やってみることです。

もちろん失敗すると困るから、いつものようにナプキンをつけていたらいい。ただ、「月経血コントロール」に慣れてくると、多くの方がナプキンの量が減ったり、布ナプキンに替えたりするようになります。だって「あんなにたくさんいらないから」という感じになるのです。「布ナプキン」についてはじめて聞いた、という方もあるかもしれませんから、そのことはまた別の章で書きます。次の生理、ちょっと意識してみてくださいね。

胸のふくらみ

◆からだの変わり目

子どものころは男の子も女の子も、ぱっと見では男か女か、わからないような体型をしていました。もちろん、はだかになると、言うまでもなく、男の子か女の子かわかりますけど、はだかじゃないと、似たようなものなのです。どの国や文化でも、親をはじめとするまわりの大人が、髪型とか服装とか、男女でかなり違う格好をさせるから、ああ、この子は男の子、女の子、とわかる程度です。

ぱっと見て、かなり男らしく、あるいは女らしくなってくるのは、ご存知のように、小学校高学年から中学校一、二年にかけて、体格から顔つきから背格好から、どんどん変わってくる時期以降です。それからあとでももちろん、本人の努力と好みしだいで、男でも女のように見える格好をすることもできますし、女でも男のように見せることはもちろんできますけど、基本的に、「ぱっと見で男か女かだいたいわかる」感じになってゆく。

そういうものです。

そんなふうに、女に変わっていくあなたのからだで、いちばん自分でも、外から見てもはっきりわかるのは、あなたの胸、ではないですか。

ぺったんこで、誰に見せてもかまわないような子どもの胸だったのに、あるときから、胸がちょっと痛いような感じになってきて、少しずつ胸がふくらんでくる。そうすると、なんだか人前でさっさと服を脱ぐのも、おとうさんや男のきょうだいとお風呂に入るのも、ちょっとためらうような気持ちになったりするのです。

なんとも複雑な気持ちですよね。胸がだんだんふくらんでくる。ちょっと痛いし、気持ちわるいし、乳首が目立ってきて気になるし。

◆ヒトはタマゴから生まれない

身もふたもない話に聞こえるかもしれませんが、これこそが、人類が哺乳類《ほにゅうるい》である、あかしなのです。

人間はタマゴから生まれない。あなたのおとうさんとおかあさんはタマゴをあたためてはいない。あなたはおかあさんのおなかから生まれ、産んだおかあさんのおっぱいを飲んで育ちました。イヌやネコやハムスターやクマやライオンと同じように、おかあさんのおなかから生まれ、おかあさんのおっぱいを飲んで育つ哺乳類。「乳を出して赤ちゃんを育てる」からこそ哺乳類。

人類のメスであるあなたの胸が大きくなってくるのは、哺乳類として次世代に乳をやるためです。ほんと、身もふたもない言い方です。でも、それが本来の「いま大きくなりつつあるあなたの胸」の役割です。

あなたの胸はだんだんふくらんでくる。乳房が大きめの人も小さめの人もいるけど、みんな、だんだんふくらんでくる。ぽちっと単なるしるしみたいだった乳首は、少しずつきれいなピンク色になって、大きくなってくる。これはすべて、本来、「将来のあなたの赤ちゃんが、しっかり吸いついておっぱいを飲むため」の準備であります。子どもを産まない人も、産みたいけれど産めないかもしれない人も、もちろんいるんだけれど、多くの女性たちは、大人になったら子どもを産みます（だから人類が続いてきました）。

産んだ子どもは育てる。次世代は育てる。それは生き物の定めです。自分が死んでも、次世代を育てようとする。メスに食べられてしまうカマキリや、いのちが果てるほどの苦労をしても川をさかのぼり続けるサケの行動も、次世代のためでしょう。わたしたちも、自らのいのちをかけて次世代を育てるのです。大きくなっていくあなたの胸は、哺乳類として、次世代を、身をもって育てていくことのあかしです。

◆「乳」と言えば……

まだ胸も大きくなっていないあなたにとって、その胸から「乳が出る」っていったいどういうことなのか、さっぱりわからないですね。実際、子どもを産んでおっぱいをあげていない女の人は、大人になってもわからないかもしれません。

「乳」についてあなたの持っているすべてのイメージは、おそらく「牛乳」だと思う。冷蔵庫に一リットルパックで入っている牛乳。給食のとき二〇〇ミリリットルパックで出てくる牛乳。白くてちょっととろっとしていて、なかなかおいしい牛乳。それは、名前のとおり、「牛」の「乳」です。ウシのおっぱい。それはもともと人間が搾乳《さくにゅう》させていただいて、乳牛農家が出荷し、流通ルートにのせて、パックに詰めて人間の冷蔵庫に入れるためのものではなく、母ウシが産んだ子ウシのためのものでした。

子ウシがいるから、母ウシはおっぱいを出す。つまりは、いまのわたしたちがおいしく飲む牛乳を出してくれている母ウシには、産んだ子どもがいるのです。子どもを産んでいるから母ウシは牛乳を出すことができる。このあたり、いつか乳牛農家にお邪魔して、母ウシからどんなふうに牛乳を出してもらって、出荷しているのか、聞きに行くのも、興味深いことですね。

つまりあなたの「乳」のイメージは「牛乳」です。ですから、赤ちゃんを産んだら、自分の胸から「牛乳」のようなものが出ることをイメージするかもしれないけど、人間の「乳」は、かなり違います。たしかに白いんだけど、牛乳のようなこっくりした白い色ではなくて、もっと透明感のある色をしています。牛乳のようにとろっとしてはいなくて、もっとさらっとしています。

実際に飲んだり、なめたりしてみたらわかりますが、味も牛乳のようなコクや甘みは感じられず、ごくあっさりとした味をしています。そしてそれはもちろん、人間の赤ちゃんが育っていくにあたって、いちばんぴったりのものになっています。哺乳類ですから、自るのです。

分の「種《しゅ》」が続いていくために、ぴったりオーダーメイドされた乳を出すことになってい

◆おっぱいという幸せ

さらに、冷蔵庫の牛乳のイメージが大きいから、「赤ちゃんを産んだら母乳が出る」と言うと、あなたのおっぱいに「牛乳パックに入った牛乳のごとく」母乳がためられるようになる、と思うかもしれない。一リットルもためたら、重いだろうなあ、とか思うかもしれない。そのような心配はいりません。

あなたの胸は、たしかに子どもを産むと大きくなりますが、その胸にいつも「乳」をためておくわけではありません。あなたのおっぱいは「乳」の保存をになっておらず、「乳」の製造をになっております。子どもを産んで、赤ちゃんを育てているおかあさんでも、おっぱいにいつも母乳をためているわけではない。おかあさんの乳房は、赤ちゃんがおっぱいを欲すると、その場で母乳をつくるのです。

赤ちゃんが泣いたり、おっぱいをほしがるころになると、おかあさんの胸は母乳をつく

りはじめます。どんなふうに感じるかというと、胸がぎゅっと張るような感じがする。一瞬でできる、っていう感じ。あなたのいま、大きくなりはじめている胸は、赤ちゃんの声に反応するようになるのです。胸がぎゅっと張るのは、赤ちゃんのために母乳がつくられた、ということ。ぎゅっと張ってきた胸を出して、乳首を赤ちゃんにふくませ、赤ちゃんが吸いつくと、母乳がざっと出てくる。製造即販売、という感じで、いつも新鮮な母乳が赤ちゃんに供給されるのです。

物理的に胸が張るのは、なんとも切なく、甘い思い。それをすぐに赤ちゃんに吸ってもらって胸の張りがとれていくのは、なんともよい気持ち。大好きな赤ちゃんを胸に抱いて、うっとりしながら、からだもどんどん気持ちよくなっていく。赤ちゃんもおなかがいっぱいになって、この上ない満足につつまれていく。

そのうち飲み疲れてうとうとしはじめるころには、あなた自身も胸の張りがとれて「出すべきものを出した」すっきり感につつまれ、赤ちゃんと二人だけの至福のときが訪れる。大きくなっていくあなたの胸には、こんなすてきな世界、あなたの知らない、じつに美しい感覚が隠されているのです。楽しみにしていてください。

賢い女性と呼ばれる職業

◆お産を助ける女の人

女性の人生を生涯を通してサポートしてくれて、じつに頼りになる職業の代表、と言えば、やっぱり「助産師さん」なのです。

じょさんしさん。

この人たちは、ちょっと前まで「助産婦」と呼ばれていました。

じょさんぷさん。

とってもいい響きで大好きでした。「お産を助ける女の人」というイメージもあったし、「産婦を助ける」から「助産婦」という言い方だ、と言うこともできました。

「看護婦さん、助産婦さん」という言い方は、いのちがこもったよい呼び方だ、と思っていたのですが、「婦」という漢字がついていて、職業名がそのまま性別をあらわすことはあまりよろしくない、ということで、近年「助産師」に変わったのです。

だからといって男性の助産師がいるか、というと、日本にはおりません。海外では資格を持っている人もいるようですが、この仕事は「近代的な仕事」の前に、「女同士の助けあい」といった意味合いから生まれてきた仕事なのです。わたしはいまも「助産婦さん」って呼びかけたいな、と思っているのですが、法的にはいまの日本では「助産師」。「じょさんぷさん」、って呼びかけると、「じょさんしです」って言われちゃったりすることもあるので、頭の片隅に入れておいてください。まあ、こういうことは、じつは、どうでもいいことなんですけどね。

◆人類最古の職業

英語で助産師のことをmidwife（ミッドワイフ）、と言います。これは「女の人とともにいる」、「女性と一緒にいる」という意味です。フランス語ではsage-femme（サジファム）、と言い、これはもっとダイレクトに「賢い女性」のことです。

「産婆《さんば》は人類最古の職業」なんて、言われています。どんな人間の集まり、すなわちコミュニティーにも、そこには、ほかの人より経験豊かで、ほかの人より思いやりが深くて、ほかの人より世界の成り立ちについて深く考える女性がいて、そういう女性が、ほかの女性がお産をするとき、手助けをしていたのだろう、ということは、想像できますね。

便利で効率的で、強固なシステムを携えているわたしたちの生きる近代社会ですが、わたしたちをとりまくさまざまなシステムや、「モノ」や、「サービス」など存在しなかったころ、人間ってなにをしていたのだろう。わたしたちに先立つ数世代前の人はどんなふうに暮らしていたのだろう、ということを想像したり、学んだりする習慣は、なかなかよきものです。

たとえば、コンビニがなかったころはみんなどうやって買い物していたのだろう、とか、コンピューターがなかったころは、みんなどうやって情報を得ていたのかな、とか、携帯電話がなかったころどころか、電話がなかったときってどうやってお互い連絡を取っていたのだろう、って考えることはありませんか。

そういうことを考えたり、自分の知らない時代について話をしてくれる人を探したり、そのころについての本を読んだりすること。それが、ほんとうの意味での「学び」のきっかけになったりしますから、ぜひ想像の翼をいっぱい広げてみてください。

◆生死に立ち会う人

「産婆は人類最古の職業」という話でした。どんなコミュニティーでも、女の人がお産するとき、助けてくれるような人がいたらしい。要するに、そこでいちばん賢い、ほんとうの意味で賢い、女の人です。アイヌの伝統的な産婆さんは、人間が生まれるときだけではなくて、死ぬときにもそばにいる人だったようです。魂が行き交う場に、立ち会う人なんですね。アイヌだけではなく世界中の先住民族、と呼ばれる人たちの産婆さんも同様に、「生まれる」ときと「亡くなる」ときに立ち会う人が、少なくないそうです。

伝統的な社会では、そこでいちばん賢くて、人間ができた女の人が、人が生まれたり死んだりするような魂の行き交いの場で、重要な役割を果たしていたでしょう。そういう人たちは、不思議な雰囲気をたたえておられただろうし、自然の力をよく使うこともできたでしょうし、月や潮の満ち引きにも敏感な人だったでしょう。場所によっては魔女、なんて呼ばれたこともあったかもしれません。不思議な力が使えるから、おそれられたり、排《はい》斥《せき》されたことだってあるかもしれません。ほんとうの意味で「賢い」人は、どんな世の中でもいろいろなことが見えすぎるゆえにに、周囲からうとまれたりすることも、あるのです。

人が生まれるときと、人が亡くなるとき。まったく逆方向のことのようですが、どちらにも立ち会った人に聞くと、それは「こわい」経験ではなく、静かで、おごそかで、いま生きている人が、とても励まされるような経験であると言います。そういうことも、若いみなさんは、少しずつ学んでいってください。

◆医療の専門家

いま、日本のどこの病院でも行われており、大学の医学系学部でおしえられていることを、「近代医療」と言います。これが、世の中の「医療」と呼ばれる行為の中心になってから、まだ、せいぜい一〇〇年とか一五〇年くらいしかたっていません。

「死」、「痛み」、「苦しみ」をできるだけ遠ざけるために、人間のからだを、細胞のような目に見えないレベルまで研究し、病気の原因を探り続ける「近代医療」がわたしたちにもたらした恩恵は、計り知れません。外科手術や抗生物質による感染症治療が、どんなにたくさんの人のいのちを助けてくれたことでしょう。

助産師さんたちはもちろん、この「近代医療」制度にのっとって、国家資格を持っている医療職ですから、医療の知識もたくさん持っておられるし、病院でも働いておられるから、病院の仕組みもよくご存知です。人間のからだのつくりや、女性のからだのありようや、月経や、妊娠や、出産にまつわることを「専門家」としてしっかり勉強しておられる人たちです。でも、それと同時に、彼女たちは最初に書いたような「人類最古の職業、産婆」の末裔《まつえい》でもあるのです。

◆産み、生まれる力を信じる人

それってどういうことかな。「産婦人科医」の先生ももちろん、女性のからだの専門家で、いざというときにわたしたちのいのちを助けてくれる、ほんとうに重要な役割をになっておられる方です。産婦人科医は、「近代医療」の「専門職」です。

ただ、助産師さんは、「近代医療」の「専門職」であるだけでなく、同時に「人類最古の職業、産婆」の末裔でもあります。近代医療がまだそのかたちをなしていないころから、女性たちのお産に立ち会っておられた人たちの末裔でもある。大学で学ぶような知識だけではなくて、おそらく人類がはじまったころから、営々と積み上げてきた知恵、の継承者でもありうるのです。

生物としての人間が続いていくために、女性には子どもを産む力が備わっており、生まれてくる赤ちゃんには生まれる力が備わっている、ということを信じている人たち、でもあります。そういう力がどうすればいかんなく発揮されるかを知っていて、そのために、産む女性の暮らしを支えてくれる人でもあるのです。

助産師さんは、女性が自分のからだにどんな力を持っているのか、そしてその力を生かすためにはどういう生活をしたらいいのか、というアドバイスをたくさんくれる人です。たとえば、おなかや足首は冷やさないほうがいいんですよ、とか、調子が悪いときはこういう食事がいいですよ、とか、いろいろな知恵をお持ちです。この本のタイトルは「少女のための性の話」ですが、このことについてあなたのそばでいろいろアドバイスしてくださる、いちばん頼りになる方は、やっぱりおかあさんとか、おねえさんとか、近所のおばさんです。けれど近所の助産師さん、という方がおられることも、ちょっと覚えておいてください。

お股を大切に

◆お股ってなに？

なんというタイトルでしょうか。だいたい、「お股」ってなに？　日常的に使わないことばですよね、あんまり。

要するに、股、のことです。女の子の股のこと。女の子の股、って、品のよい言い方があまりないんですよね。

男の子だったら、小さいころから「おちんちん」という、ちょっとかわいげのある言い方が存在します。まあ、その部分はおちんちん、だけじゃなくて、ほかのものもあるわけですけど、男の子には「おちんちん」と言えば、なんとなくそのあたりのことを指していることがわかって、よいのですが、女の子の場合、なんと言うのか、ちょっと困ってしまいます。

ここでは、前項でご紹介した賢い女性の代表、助産師さんたちが呼ぶように、ここを「お股」と呼びましょう。

お股は大切なところです。わたしたち人間はこの、お股から誕生しますし、おしっこ、うんち、という排泄もになっていますし、子どもをつくったり、産んだりするときにもお股が大活躍するのですから。

ちょっと前までは、日本の各地方で呼び方があったみたいです。

関西方面では、「おひし」って言っていたらしい。おひし……お股と同様に、不可思議な響きですが、この呼び名は「お菱《ひし》」、つまりは「ひし」のかたち、「ひし形」からきています。

ひし形とは、ヒシという水草に由来していて、その葉のかたちとか実のかたちとか言われていますが、植物のヒシを見たこともない人のほうが多いでしょう。「ひし形」とは、要するにダイヤのかたち、あるいはひし餅《もち》のかたち、と言ったほうがピンとくるかもしれません。女性のお股を下から見ると、なんと言いますか、ひし形に見えることからこう呼ばれているのです。

◆お股に布があたる生活

いま、みなさんはパンツをはいて、お股にしっかり布があたっていますね。椅子に座ったり、自転車に乗ったり、お股になにかが密着するようなことがよくある生活をしていると思いますが、そんな生活が何世代にもわたってずーっと続いていたわけではありません。

ちょっと前まで、うーん、ちょっとでもないかな、みなさんのひいおばあちゃんが子どもだったころくらいまで、日本の家には、椅子はあまりありませんでした。どの家も畳敷《たたみじ》きで、床にぺったりと座っていました。男の人はあぐらをかいていましたし、正座がきちんとした座り方でした。

みなさんの中にも、お茶やお花や日本舞踊など日本の伝統文化について習っている方があるかもしれませんし、家に仏壇があり、毎日仏壇に手を合わせる方もあるかもしれません。そういう方は、正座をする機会もひんぱんにあることでしょうが、いまでは普通に日本の家で育つと、正座をすることは、あまりありません。

みなさんのおばあちゃん世代であるわたしたち五〇代、六〇代が子どものころは、ご飯を食べるときも、ダイニングテーブルに椅子ではなくて、ちゃぶ台をおいてそのまわりに正座してご飯をいただくことのほうが多かったのですが、すっかりさま変わりしました。

わたしのおばあちゃんの世代（つまりみなさんからすれば、ひいおばあちゃんのおかあさん！）にとっては、正座は楽な姿勢で、おばあちゃんたちはいつまでも、ちょこんとかわいらしく床の上に座っていたものです。文字どおり、いつまでも座っていることができました。だから、法事などでお寺に行って、長いこと正座しても、みんな平気でした。でも最近のお寺は、本堂に椅子を用意しているところが多いですね。膝《ひざ》が痛くて、正座できないお年寄りが多いのだそうです。

正座は座りにくいし、足はしびれるし、慣れていないとなかなかたいへんです。正座から椅子の生活へ変わっていったころ、正座すると足が短くなるとか、足のかたちがわるくなるとか、あまりよくないことをいろいろ言われましたが、もちろんたいした根拠はありません。ともあれ、みなさんはあまり正座をしなくなりました。

◆おひしがくずれる

関西方面では、きちんと正座することはとりわけ女の子にとっては大切で、足をくずすと、「おひしがくずれる」と注意されたのだそうです。おひしがくずれる。なんだか聞き覚えのない言い方ですが、いったいどういうことでしょう。

みなさん、ほとんどやったことがないかもしれませんが、正座をちょっとだけやってみてください。膝をそろえ、お尻をかかとの上か、足の裏にのせて、正座するのです。その姿勢で、お股はどうなっているかしら。お股はどこにもあたっていませんね。あ、もちろん、あなたはパンツやズボンをはいているからお股に布はあたっていると思いますが、お股自体はどこにも押しつけられていないのがわかりますか。

正座していると、お股のひし形は、そのまま保たれているのです。ちょっと足をくずすと、お股は足や床にあたって、ひし形は「くずれて」しまうのです。昔の人が言っていたのはそういうことらしい。普段の生活で、お股はなるべくふわっと、そのままどこにも押しつけられていないかたちにしておきなさい。ひし形って、あくまでイメージですけれども、そのひし形がくずれないように立ち居振る舞うことは大切なんですよ、という意味が、「おひしがくずれる」ということばにこめられていたのです。

◆大切なものをしまうように

なぜ、おひしがくずれてはいけないのか。この「お股」は、とっても大切なところだからです。言うまでもないですね。わたしたちは食べて、排泄して、眠って、という人間が生きていく基本の営みから自由ではない。お股は排泄機能の最後をになう「門」のようなところだから、ここを大切にしないと、おしっこ、うんちをするときに、まず、困りますね。それにあなたのお股には、おしっことうんちの穴の間に、月経血が流れ出たり、赤ちゃんが出てきたり、男の人と愛を交わしたりするための大切なもうひとつの「門」もある。だから、どう考えても大切なところなのです。

あなたも大切なものを持っているでしょう。誰かからプレゼントされた小さなアクセサリーだったり、大好きなボーイフレンドやアイドルの美しい写真だったり、ふわふわとした美しい洋服だったりするかもしれない。ぴかぴかの新しいスマホかもしれないな。そういうものをあなたはどうするでしょうか。大切なものだから、ていねいに扱って、どこかにがつん、とあたってこわれたり傷んだりしないように、とっておきの場所にしまっておいたりするでしょう。その大切なものがそのかたちでふんわりと保たれ、折り目ひとつつかないように、小さな傷ひとつつかないようにするでしょう。

あなたのからだのとても大切なお股も、そんなふうに扱ってほしいのです。もちろん、お股だけじゃなくて、からだのすべては奇跡のような贈りものだから、ぜんぶ大切にしてほしいですけれどね。

とくにお股は、女の子にとって、とりわけていねいに扱ってほしいところなのです。だからそこがくずれたりしないように、ふわっとした状態で座れるように、正座、というのはじつによき姿勢だったのです。

日本的な生活をまったくしていないあなたに、むりやり正座してください、と言っているのではありません。ただ、椅子に座るとお股は椅子に押しつけられるし、自転車に乗ると、お股はもっともっと押しつけられる。これって、お股を大切に扱っていないのかもしれないな。椅子に長く座ったあととか、自転車に長く乗ったあとに、お股、ごめんね、と、「ねぎらい」のことばをかけてあげながら、正座の知恵ってすごいなあ、と、昔の人の座り方に感心してみるのは、どうでしょう。

奇跡のプロセス

◆受精卵から赤ちゃんへ

なにが不思議、と言って、女の人が人間をつくることができる、ということほど不思議なことはないように思います。精子と卵子が出会い、受精卵となり、その受精卵が細胞分裂して大きくなって赤ちゃんになります……、という話は理科とか保健の授業で聞いてきたことでしょう。

あっさり説明されると、はい、そういうことですか、と思うだけかもしれませんが、これほどすごいことはない、と思いませんか。

女の人の子宮は、受精卵を、赤ちゃんにまで育てあげるのです。しかも、ほとんどの場合、完璧なひとりの赤ちゃんになるのです。無事に生まれるまで育たなかったり、病気やなにかからだに不都合があることもある。しかしそうだとしても、みごとに育って生まれてきます。あなたがこの世に生まれてきたように。もちろん人間だけではなくて、ほかの動物もみんなそうですが、親と同じような姿に育つ個体が、メスのからだの中で育ちます。

自分のからだのことを、しみじみとながめたことはありますか。あなたの顔があり、頭があり、胴体があり、手があり、足がある。からだをさすると皮膚があり、その下には、筋肉や脂肪や内臓や骨がある。理科室で骨格標本を見たことがあると思いますが、あのとおりの骨が、あなたのからだの中で、再現されているのです。

みごとにつくりこまれた人間のからだ、このからだはあなたを生んだおかあさんのからだの中でつくられていった。奇跡と言って、これほどの奇跡はないと思いませんか。

「女は子どもを産む機械」などという、心ないことばが吐《は》かれた時代もありましたが、いまは、そのようなことばは許されません。女は人間を育て、子どもを産む人間です。

卵子と精子の出会いからできた受精卵をはぐくみ、人間のからだにつくり上げ、その子どもを世の中に送り出す。女は、そういう人間です。そして女のからだには、もとになる卵子があります。卵巣《らんそう》、というところに。

◆「卵子のもと」

女の人には卵巣があり、男の人には精巣《せいそう》があります。男の人の精巣はからだの外にありますから、見えます。俗に言う、おちんちんの根本にくっついている「タマタマ」（日本では昔からキンタマ、とか言われてきましたねえ……）が、精巣です。精子は大人になった男性の精巣で、つぎつぎ新しくつくられています。精巣に、生まれたときから一生分の精子がある、というわけではありません。

しかし女の人の卵巣には、生まれたときに、すでに卵子になるだけの「卵子のもと」、が用意されています。この「卵子のもと」を原始卵胞《げんしらんぽう》、と言います。

女の人が赤ちゃんとして生まれたとき、卵巣には、だいたい左右各五〇〇万個ずつの原始卵胞がある、と言われています。この原始卵胞のうち、多くの場合、四〇〇個くらいが女の人の一生のうちに「卵子」として育っていき、生理がある間、毎月一個ずつ排卵されます。

この「女の人の生理がある時期」と「女の人が排卵する時期」は、ほぼ同じ時期です。この時期のことを「生殖期」、カタカナで「リプロダクティブ・フェーズ」、と言います。

英語で書くとreproductive phase. 英語を勉強している人にも難しい単語です。reproductiveは、reproductionという単語がもとになっています。productionは「生産」、reは「もう一回、再び」という意味なので、reproductionは、文字どおり「再生産」。つまりは、女の人が自分と同じ個体を再生産できる、ということを意味しています。簡単に言えば、リプロダクティブ・フェーズとは、女の人が子どもを産める時期。「女の人の生理がある時期」と「女の人が排卵する時期」と「女の人が子どもを産める時期」、これらは、だいたい同じと言いましたが、いったいいつ?

◆ いつまで産める?

生理がはじまったとき、おかあさんやまわりの人に、この生理は何歳まであるのか、聞きましたか。聞いていない人も、いるかもしれない。あなたを産んだおかあさんは、おそらく、まだ毎月生理があるでしょう。でもあなたのおばあちゃんは、もう、生理はない人も多いと思います。

だいたい四〇代後半から五〇代のはじめくらいまでで、生理がなくなる人がほとんどです。これを「閉経」と言います。閉経するまで、妊娠、授乳しているときをのぞいて、だいたい毎月生理があるのです。女性のリプロダクティブ・フェーズ、つまり生殖期はだいたい三〇年から四〇年くらいの間。これを長いと思うでしょうか、短いと思うでしょうか。日本女性の平均寿命は、八〇歳を超えて久しい。日本女性の人生を八〇年、と考えると、その半分か、半分より少ないくらいが生殖期、つまり子どもを産むことができる時期です。でも、生理がある間、ずっと子どもを産めるわけでも、ありません。一〇代前半のあなたのからだは、まだ子どもが産めるほど成熟していないし、閉経直前もまた、なかなか妊娠しにくいのです。

この文章を読んでくださっているあなたは、生理がはじまっているかもしれないし、まだ、はじまっていないかもしれない。一二歳くらいではじまる人がいちばん多いようだけど、一〇歳になる前にはじまる人も少なくないし、一五歳よりあとの人も少なくありません。

わかっていることは、「女性の初潮年齢」は先進国では近代化とともに、どんどん早くなっていった、ということです。みなさんのおばあちゃん、いまの五〇代から六〇代の人たちが、みなさんくらいの年齢のころ、すでに初潮年齢が早くなっていて、小学校高学年で生理がはじまる人は、少なくありませんでした。

でも、そのおばあちゃんくらいの世代（みなさんから見れば、ひいおばあちゃんのそのまたおかあさん）には、一八歳で初潮をむかえる人は、ちっとも珍しくありませんでした。むしろ一〇代前半で初潮、という人は少なかったと言います。なぜ、世の中の近代化とともに女性の初潮年齢は早くなっているのか。その理由は、わかりません。

◆昔五〇回、いま五〇〇回

女性が子どもを産み育てる、という奇跡のプロセスの詳細について、じつは、科学で解明できていないことのほうが多いのですが、この「世の中の近代化とともに女性の初潮年齢が早くなる」、も、よくわからないことのひとつです。

女性の初潮にあたることを、男性では、精通、と言います。精子がつくられからだの外に出される。この年齢はじつは世界中であまり違わず、だいたい一五歳前後だそうで、社会の近代化に影響を受けていないようです。男性のほうは少しも変わっていない、女性ばかりが早く初潮をむかえ、早く大人になる。これはどういう意味があるのでしょうね。あなた方の中には、将来、こういうことを研究しよう、と思う人も出てくることでしょうから、その答えは、あなた方の世代にお任せしたいと思います。

あなたのおばあちゃんの、そのまた、おばあちゃんの世代では、一五歳から一八歳前後で初潮を経験すると、ほどなく、結婚してしまう人が多かった。

このころの結婚は、本人たちが愛しあって結婚しましょう、というものではなくて、家同士で結婚を決めることが多かったので、かなり若くして結婚していたわけです。そして一〇代後半から子どもを産みはじめ、四〇代はじめまでに、たくさんの子どもを産んでいましたから、生理は生涯で五〇回くらいしかなかった、と言います。

いまの女性たちは初潮も早くなり、子どもを産む数も減り、産まない方も増えましたから、この生殖期での月経回数は、生涯で五〇〇回に近い、と言われています。それならば、月経や卵子のこと、子宮のこと、ぜひいろいろ楽しく理解していきたいものですよね。

2章

誰とでも寝ていいの？

ひなまつり

◆みんなで祝うことの意味

三月三日は桃の節句。おひなまつりです。女の子の節句ですね。

おうちで何段もあるひな壇におひなさまを飾る人もあるでしょう。小さなおひなさまとお内裏《だいり》さまを飾る人もあるでしょうか。幼稚園などにいたときは、折り紙でおひなさまを折ったりしたかもしれない。五月五日が男の子の端午《たんご》の節句で、三月三日は女の子の桃の節句、ということは、この国の中でよく受け入れられ、みんなでなんとなくお祝いしていると思います。

「なんとなくみんなでお祝いしている」、「みんなでこれは楽しいな」と思っている、これってけっこう、大切なんです。

お正月になるとなんとなくみんな、おめでたい感じがするでしょう。新しい年がきて、きのうまでと違うな、今年はいい年にしたいな、と新しい気持ちになる。多くの人が新しい気持ちになると、その人たちが集まるところには清々《すがすが》しい気持ちがいっぱいにあふれてくるのです。

神社はもともと清々しいところですが、お正月に初詣《はつもうで》に行って、神社に足をふみいれたときの清々しさは、みんなの新しい年に対するみずみずしい思いが集まっているから、でもある。

ディズニーランドに行くと、行っただけで、まだなんにもしていなくても、わくわくどきどきして、とても楽しい気分になるでしょう。もちろんスタッフのみなさんがそういう空間をつくっているから、ということも大きいけれど、それだけでは、身をおくだけで楽しいところ、にはならない。それはそこに集まってくるみんなの「楽しかった」と感じた思い、「楽しい」といま感じている思いがそういう場をつくっているとも言える。それらの思いはすぐに消えずにその場に残るから、それを「残存思念」と呼んでいる方もあります(注)。ちょっとむずかしいことばですけどね。

◆平等だけど同じじゃない

ひなまつりは長い間、女の子が幸せな一生を送れるように、という願いをこめて毎年行われてきたお祝いごとなのです。たくさんのよき思いが、次の世代へと順々に受け継がれてきました。

いまこの文章を読んでくれている中学生くらいのみなさんのまだ生まれる前のことですが、「ひなまつりは、お人形を飾って女の子に女の役割を押しつけ、男と女の差別につながるから、よいことではない」なんて言われたこともあったんですよ。ちょっと、いまでは考えられないですけれどね。

男と女はもちろん、平等です。社会的に、男であるというだけで、女であるというだけで、差別されることがあってはならない。機会は平等でなければならない。男も女も同じように、現代のシステムである経済や政治に関わっていけるようにならなければいけないし、教育を受ける機会も、仕事に就く機会も平等であるべきだ。ほんとうにそのとおりです。社会の中で男女に平等な機会があることはとても大切なことで、それを得るために、わたしたちの先輩たちはすごく努力してきたし、これからもやらなければならないことはたくさんあると思います。

男と女は社会的に平等でなければならないから、では、男と女は、まったく同じなのか、というと、それは違う。男と女は本質的にはまったく同じじゃない。ものすごく違う。だいたい、からだがまったく違っている。女は子どもを産む。男は産まない。それにともなって、世界中のどの文化にも、「男の文化」と「女の文化」という、それぞれに異なりながら、それぞれがおぎないあうような文化がある。それらの異なるからみあいから、世界中のいろいろな文化のバリエーションが生み出された、とも言えます。

男と女はぜんぜん違うけれど、違うからこそおもしろいし、違うからこそ、おたがいに違うところをおぎないあって、よりよく生きることができる。そういうものではないでしょうか。

◆ ひなまつりのヒミツ

ひなまつりは、日本で女の子たちがこれから女としての人生を生きていくための知恵を集めたお祝いごとだったようです。ひなまつりのときに飾ったり食べたりするものには、それらの知恵がいろいろつまっているのです。

「お股を大切に」の項で、女性のお股のことを関西地方では「おひし（菱）」と呼んでいた、と書きました。ちょっとリアルですが、女性の性器は、ひし形をしている、というわけですね。正座をくずしたりすると、関西では「おひしがくずれる」と言われたりしたんですよ、という話を書きました。「おひし」は、女性のお股のこと。だからもちろん、ひなまつりのときに飾る「ひし餅」は、「おひし」をあらわしているのです。

ひなまつりには、はまぐりのお汁をつくります。二枚貝のはまぐりは、決してほかの貝殻ではおたがいに合わず、対の貝殻しかぴったり合わないことから、夫婦の仲のよさの象徴です、とか言われていますが、じつは、はまぐりの身は、これまた、女性の性器のことらしいです。

地方によっては、ひなまつりにしじみやあさりの佃煮をならべたり、赤貝のぬたを食べたりするそうですが、これは、「しじみ」、「あさり」、「赤貝」、「はまぐり」と、だんだん女の子の性器が大きくなっていくことをあらわしているらしい。すごいね、ひし餅よりリアル。二枚貝の中身は女の子の性器に似ている、というわけですが、まあ、そう言われたらそういう気もしますよね。

ひなまつりではちらし寿司をよく食べます。ちらし寿司の「具」は、いろいろなタイプの男の人をあらわしているんですって。高野豆腐のように甘い人、ごぼうのように歯ごたえがある人、ちりめんじゃこのようになんとなく頼りない人、いろいろな男の人がいるけれど、みんな散らして、しっかり噛《か》み分けて、それから自分に合った男の人を選ぶんですよ、というおしえだそうです。

「いろいろ噛み分けてから、男の人を選べ」なんて、なんだかちょっと、すごいことを言われているような気がします。「鬼は外、福は内」の節分では、ちらし寿司ではなく、巻寿司を食べます。「鬼」は「巻いてしまう」のがよいけれど、女の子の節句には「いろいろなタイプを、散らす」ほうがよい、ということらしいです。なるほど。

精子と卵子が結合して、赤ちゃんができる、ということをあなたはもう知っていると思います。男の人の精子は、精液と呼ばれる白い液体の中にふくまれています。ひなまつりの白酒はじつは、精液そのものをあらわしているのだそうです。そんなふうに思うと、白酒も飲みにくくなるように思いますが、ほんとうはそういう意味らしいです。お正月にだけ食べる「花びら餅」という和菓子は、ふっくらした半月型のお餅の中にごぼうが入っていて、白いどろっとしたあんがかかっていますが、この白いあんも精液をあらわしている、と聞きました。

◆女子に知恵をさずける場

わたし自身がおさないころ、ひなまつりをしてもらっていたときに、こういうことを知っていたわけではありません。大人になってから、京都の古い料亭のおかみさんにおしえてもらったのです。そこでは、とても伝統のあるおひなさまを毎年飾っておられました。ひなまつりは、じつは、上の世代の女性たちが結婚前の若い女の子たちに、男の人に関する知恵をさずけたり、性のことを話したりする場だったということを伝えていきたい、とそのおかみさんはおっしゃっていました。

同時にひなまつりは、思春期の女の子が、男の子と出会う場でもあったようです。「わたしにとってあなたは、ひなまつりのときに出会った人だから、特別な人なのよ」という言い方が、古典文学には出てきます。ひなまつりはどうやら、いろいろエロティックな意味のある女の子のおまつりだったようです。

ちょっと恥ずかしいところもあるけど、きっと、どきどき、わくわく楽しいおまつりだったのではないでしょうか。

（注）飯田史彦『ツインソウル　死にゆく私が体験した奇跡』、ＰＨＰ研究所、二〇〇六年。

おかあさんじゃない人

◆おかあさんのこと好き？

あなたはきっとおかあさんのことが大好きですね。おかあさんと仲がいいと思う。なんでもおかあさんに言えて、なんでもおかあさんに相談できて、困ったことはおかあさんに言う。やさしくて、頼りになって、あなたをおだやかに見つめてくれるおかあさん。あなたもそれを心地よく思う。それはとってもいいことです。

これからももっともっとおかあさんと仲よくしてください。あなたの人生のいちばん身近な女性として、おかあさんはずっとずっとあなたの人生の伴走者でありえます。

え？　おかあさんのことそんなに好きじゃないですか？　なんだかうるさくて嫌い。なんとなく気が合わない。いちいち干渉されていやだ。あるいは、なにをやっても、あんまり関心を持ってくれなくてつまんない。おねえちゃんのことばかりひいきする。おかあさんの顔を見ると、なんだかうんざりしてしまう。

そんな人もいますよね、もちろん。

おかあさんと言ってもひとりの女。あなたと気が合うこともあれば、合わないこともある。ちょっと、これって、どうなのかしら、と思う、性格上の欠点もあったりする。それでもおかあさんはずっとあなたの人生のそばにいる。あなたがおかあさんから、きっぱりはなれることは、とてもむずかしい。たとえあんまり好きでなくても。

◆彼女もひとりの女性

でもあなたが年齢を重ねていくにしたがって、さっきも書いたけど、「おかあさんも、ひとりの女の人にすぎない」ことがわかってきたりします。自分と同じように長所も欠点もある、ただ、ひとりの女性であることが理解できてくるのです。

そのころになると、あなたがあんまり好きじゃないな、と思っていたおかあさんのことも許せるようになってくるかもしれない。

だいたい、この文章を読んでくれている若いあなた、あなたくらいの世代で、自分のおかあさんのこと、あんまり好きじゃない、なんて、さめた目を持つことができる、ということ、それはそれで、あなたの成熟と才能を示すもの。あなたが大人になりつつあることを示しています。

おかあさんが好き、嫌い、どころか、おかあさんがいない人もいます。生まれてすぐにおかあさんがいなくなった人もいるし、人生のどこかでおかあさんを亡くした人もいます。悲しかったたね。おかあさんがいない、おかあさんがいなくなる、というのは、生きていく上で最も悲しいこと。そんな試練を幼くして経験したあなたは、きっと特別な役割のある人です。

◆近すぎる関係

おかあさんと仲のいい人、おかあさんがあんまり好きじゃない人、おかあさんがいない人。いろんな人がいると思います。いろんな人がいることを前提に、あなたに、あえて言いましょう。あなたの人生にいちばん大きな影響を与える女性は、おかあさんではない。

あなたがこれから生きていく上で、最も偉大な知恵を授けてくれる人は、おかあさんではない。生活の上で最も大切なことをいろいろおしえてくれるのも、おそらくおかあさんではない。ましてや、人生の師、となる人は、さらにおかあさんではない。

あなたはこれから、さまざまな年上の女の人たちと出会うでしょう。そのうちの誰かが、あなたにとても大きな影響を与える女性となるのです。それは、おかあさんじゃない人。わたしたちはなぜか、直系の母親からは多くを学ぶことはできません。あまりに身近すぎて、あまりにあなたが彼女の一部でありすぎて、大好き、とか、大嫌い、とか原始的とも言えるような感情におそわれやすいために、彼女からは学べないのです。

もちろん幼いころからおしえられた生活様式、つまりは朝起きたらまず顔を洗う、とか、夜寝る前にはパジャマに着替えてあしたの着替えを枕元におく、とか、朝ご飯はかならず家族で食べる、とか、そういうことに関しては、おかあさんはあなたの生活の根幹をつくる人でもありうるでしょう。

でも、あなたの人生を通じて、あなたに大切なことをおしえてくれる重要な女性たちは、おそらくは、おかあさんではないのです。

◆もうひとりのおかあさん

お姑《しゅうとめ》さん、ということばを聞いたことがありますか。あなたが将来、愛して、ともに暮らすようになる男性のおかあさんのことです。きっとあなたは「お姑さん」ということばにいいイメージはないかもしれません。

この国ではずっと「嫁と姑は仲が悪い」とか、「姑が嫁をいじめる」とか言われてきたし、実際のあなたのおかあさんも自分のお姑さん（あなたにとってはお父さん側のおばあちゃん。けっこう、あなた自身は、おばあちゃんのこと好きなのではないかしら）が好きじゃないことがよくあるから、あなたも「嫁と姑はうまくいかない」と思っているかもしれません。

それはある意味、しかたがないのです。嫁にとっての夫、姑にとっての息子、という、同じ男をめぐっての取りあいにもなることだから。若いあなたには、話がこみいっているかな。難しいんですよ、ひとりの男をめぐる女同士の関係って。

ことほどさように嫁と姑はうまくいかない、とよく言われているし実際にもむずかしいところがあるのだけれど、ここには人類の大きな知恵が隠れている、とも思うのです。

娘は、母親から学べなかったことの多くを姑から学べる。濃い感情うずまく母親のことは客観視できなくても、一歩はなれた関係である姑のことは「ひとりの女性」として見ることができる。よきことも、あまり気に入らないことも、さまざまな家事、育児に関することも、姑からは冷静に学べたりするし、また冷静にこれは違う、と思えたりするのです。

◆あなたを助ける女性

ちょっと前までの日本は「お嫁に行く」という形態の結婚が多くて、多くの若い女性は、夫の家族の中で暮らし、姑から生活上のこと、家をきりもりすること、子どもを育てること、などについて多くを学んでいました。

そういう「お嫁に行く」という結婚の仕方は、前近代的で家父長制の名残り（「家父長制」の意味がわからない人は、調べてくださいね）である、ということで、あなたのおばあちゃんくらいの世代から、あまり好まれなくなりました。それでも、直系ではない女性だからこそ若い女性は多くを学べる、というこのあり方には、多くの知恵がつまっていた、と感じます。

将来、あなたがともに暮らす男性の母である人、あなたが「おかあさん」と呼ぶようになる、もうひとりの女性がどんな人か、楽しみにしていてください。その女性とのお付き合いは、あなたの人生でとても楽しみなものになることでしょう。

あなたのからだに関すること、もちろん、生理のこととか、いま、あなたが困っているいろいろなことの相談相手は、あなたのおかあさんだと思います。

けれど、これからあなたが大人になっていく過程で、男の人との関係、もっとはっきり言うと、男の人との肉体的な関係のこととか、子どもをみごもることとか、産むことか、恋愛に身をやつすこととか、要するに「性と生殖」に関して、あなたにおしえてくれる人は、おかあさんではありません。誰かほかの人、言わば「斜めの関係」にある人です。「賢い女性と呼ばれる職業」で書いた助産婦さんかもしれないし、違う年上の女性かもしれないけれど、それらのことは、おかあさんじゃない人、からおしえてもらえることが多いのです。そして、そうした信頼できる年上の女性は、生涯あなたを支える人になるでしょう。

どんな女性があなたの人生にあらわれるか、楽しみにしていてください。そしてこのことは、おかあさんがいなかったり、おかあさんが嫌いだったりする人に、大丈夫、安心して、ほかの女の人があなたを助けるから、というメッセージでもあるのです。

お産ってどんな経験？

◆あなたのおなかの中で

知らない経験は不安。やったことがないことは心配。はじめてやることはどきどきする。誰だってそうだし、なんだってそうです。一度やったあとは、なあんだ、心配するほどのこともなかったな、大丈夫だったな、って思うことは多いのではないかしら。

はじめて学校というところに足をふみいれたときの緊張、転校してなにも知らないクラスに入っていってあいさつするときの心配、知らない町に住みはじめるときのどきどき。あなたの人生には、これから、たくさんのやったことがないことをはじめてやる、という状況が立ちあらわれてきます。すごくうれしいことも、ちょっと悲しいことも、びっくりするようなこともあるけど、どんな経験も、あなたをいままでのあなたより成長させる。

やってみるまで想像もつかない経験。女性にとってそのような経験の筆頭はやっぱり「お産」ではないでしょうか。

あなたのおなかに、別のいのちが宿る。赤ちゃんができたら、おなかがだんだん大きくなる。五カ月くらい育つと、おなかの赤ちゃんが動きはじめる。あなたのおなかの中で、なにかが動いている、なんて、ちょっと想像もできないですよね。

妹や弟が生まれた人とか、親戚や近所のよく知っている人におなかが大きい人がいたら、はちきれそうなおなかにちょっとさわらせてもらったことがあるかもしれないですね。女の人のおなかの中では赤ちゃんが育つ。それはもう、この世でいちばんの不思議なことです。あの大きなおなかから、赤ちゃんはどうやって出てくるのでしょう。

◆お産はこわい？

ひょっとしたら、あなたはお産について、けっこうこわい話を聞いているかもしれない。ものすごく痛い、鼻からスイカ出すみたいに痛い、それどころか鼻からピアノ出すみたいに痛い（それってどういうこと？）、赤ちゃんは血まみれで生まれてくる……などなど。

学校の保健や理科の時間に、おかあさんたちが苦しんで、血まみれの赤ちゃんが生まれるビデオなどを見せられることもあるみたい。そんなビデオを見せられたら、そりゃあ、こわい、と思いますよね。それに産院や病院がなくなって、「お産する場所がない」なんてニュースが耳に入ってきたりもする。それでなくても未知の不安な経験なのに、めちゃくちゃ痛い、とか、血まみれ、とか、産むところもない、なんて聞いたら、もっと心配になりますよね。

人間は、悪いことやひどいことばかり言ってしまうところがある、ということをちょっと頭においてください。ふつうに、おだやかに暮らしていることがニュースにならないように、記録されている歴史の中の出来事は、ぜんぶ、戦争とか内乱とか特別な事件であったりするように、わたしたちはついつい「ひどい」ことを話題にし、「よくない」ことを誇張して言ったりしがちです。でもその裏にはいつもおだやかな日常があるのだ、ということも、記憶にとどめておいてください。

古今東西、世界中の人間、いま、あなたが出会うことができるすべての人々もみんな、女の人のおなかから産まれてきたのです。ひとりの人間がいるということは、その人を産んだおかあさんがかならずいるということ。お産は人生でとても重要なイベントだけど、でも、世界中で行われてきて、人間がはじまったときからずっと続いていて、いまも続いている「ごくふつうのこと」です。

そんなに長く続いていて、そんなに世界中どこでもやっていることなんだから、「そんなにひどいことであるはずはない」、とまずは思ってください。それがほんとうにひどいだけ、つらいだけ、産む世代を苦しめるだけの経験だったら、ここまで人間は続いていないし、むしろ、違う経験へと長い時間をかけて〝進化〟をとげた可能性だってあるかもしれない、と思うくらいです。

◆ふわっ、きゅーっ

妊娠した女性は、子どもを産む力があります。おなかの中で育つ子どもには、自分で生まれてくる力があります。おかあさんと赤ちゃんが協力しあえば、お産はスムーズに進みます。赤ちゃんがおなかの中で育って、もうそろそろ外の世界に出てもいいな、と思うと、赤ちゃんはおかあさんのからだにサインを送るらしい。そうすると赤ちゃんの入っているおかあさんの子宮が、赤ちゃんを押し出すために、少しずつ収縮しはじめます。

お産の痛みを「陣痛」と言いますが、それは、この子宮が収縮する痛みのことなのです。おかあさんのおなかってふわっとしているのですが、子宮が収縮するとおなかは固くなります。おなかの中にいる赤ちゃんの気持ちになってみてください。おなかの中にいて、もうそろそろ出ようかな、と思いはじめると、おかあさんの子宮が収縮しはじめます。いままでふわっとしていた子宮がきゅーっと赤ちゃんのからだに密着するように自分のからだにくっつきます。そしてまたふわっと収縮がなくなる。そしてまた収縮する。これをくりかえしていると、子宮口という子宮の入口（赤ちゃんにとっては、出口）が少しずつ開いてくるのです。

ぎゅーっと収縮しては、ゆるむことが一〇分おきくらいではじまり、赤ちゃんが産まれるころになると、もっと間隔が短くなります。海の波がよせては返すように、子宮が収縮したり、ゆるんだりします。お産の痛み、というのはおおよそ、この「収縮の痛み」のことです。だから「鼻からスイカを無理矢理出す」（ほんとに大げさ）とか、刃物でばっさりきりつけられる、とかそういう痛みではありません。収縮している間はたしかに痛いのですけど、それは「ぎゅーっと絞るような痛み」なので、きりつけられたり、なぐられたりしたような痛みとは、ちょっと違ったものです。

それは波のように、収縮したり、ゆるんだりするくりかえしなので、子どもを産んだ人の中には、「収縮しているときはたしかに痛いんだけど、収縮が終わって次の収縮までの間は、すごく気持ちよくて、眠りに引き込まれそうになったりする」なんて言います。ひいては返すような、収縮と弛緩《しかん》(ゆるむこと)をくりかえし、そのリズムにうまく乗ると、ものすごく気持ちがいい、とおかあさんたちは言います。

そして、助産師さんやまわりの女性は、収縮して痛いときは、からだをさすってくれたり、励ましてくれたり、うまくリズムに乗れるように助けてくれます。「痛いけど気持ちいい経験だった」と言う人も少なくないんですよ。陣痛の波にゆだねていると、まるで宇宙のちりになってしまったり、時間の感覚がなくなってしまったりするような、いままるで経験したことのなかった感じを味わうことも、少なくありません。

◆すてきな経験が待っている

そして、赤ちゃんを外の世界に押し出すとき。女性が自分の力を使って、赤ちゃんも自分の力を使って自然に生まれてくるときは、切られる必要もないから、赤ちゃんは血まみれではありません。病院なんてどこにもない太古の昔から人間は生まれてきたのに、毎回血まみれで生まれていたらたいへんです。イヌやネコを飼っている人は、子イヌや子ネコが生まれるときを見たことがあるかもしれませんね。子イヌや子ネコが血まみれで生まれないように、自然に生まれるときは、人間の赤ちゃんも血まみれにはならないのです。

赤ちゃんが自分のからだから出てくる感覚は、とても気持ちがよくて、産んだすぐ後に「ああ、またすぐもうひとり産みたい」なんて言ってしまうおかあさんがいるくらいです。そしてけっこう少なからぬ人が、陣痛って痛かったけれど、またすぐ次の子どもを産んでしまうのですね。

お産って、想像もつかないでしょうけれど、すごくすてきな経験ですよ。唯一無二の、女性だけが経験できる特別なからだの経験。そういうことが将来待っているかもしれない、と、少女のあなたにわくわくしていてもらいたい、そう思います。

誰とでも寝ていいの？

◆おばあちゃんの時代

この時代に生きる若い娘であるあなたは、もう、「男と女の間のこと」とか、「赤ちゃんがどうやったらできるのか」とか、まあ、そういうことはもう、なんとなくご存知ですよね。

そういうことをなんとなくしか知らないのは、あなたが若い娘だから、というだけではない。若かろうがけっこうな年齢を重ねていようが、たくさん経験していようが、経験していまいが、似たようなもので、この人間の性と生殖の根幹に関わる男と女の性関係、というのは、じつに奥が深いので、なにもかもわかっている人なんて、いないんですね。みんな、よくわからないのです。よくわからないけれど、でも、確かなことはあって、それは長い長い人間の歴史の中で、いつも変わらず、人生において起こる「最もすてきなこと」のひとつであり続けている、ということです。

最もすてきなことだったら、できるようになったら、どんどんやったらいいんじゃないか、と思われるかもしれませんが、今回は、いやあ、そうは言ってもですね、できるようになったらどんどん誰とでもやればいい、というものでは、ないんですよ、というお話です。

ひと昔前、つまりは二〇一八年現在ティーンエイジャー（一〇代の人のこと）のおばあちゃんよりちょっと前の世代くらいまで、女の子たちは「誰とでも寝てはいけない」と、それは厳しく言われていました。「嫁入り前に男と関係するなどもってのほか」と思われていましたし、とにかく、娘がそんなことにならないように、家族は若い娘をまもろうとしたものです。

娘たちも、誰とでも恋愛していいとか、誰とでも寝ていいとか、ちっとも思っていませんでした。思っていなければそういうことは起こらないのかというと、それはまた違いまして、おばあちゃんの時代にも、ひいおばあちゃんの時代にも、恋して駆け落ちしたり、道ならぬ恋をして子どもができちゃったりした話もじつは、けっこう、ありました。ありましたけど、それはよろしくないこと、とされていた時代が長かったわけで、結婚前の若い娘が誰とでも寝てもいい、とか、そんなふうには少なくとも思われていなかったようです。

◆フリーセックスの時代

それが変わりはじめたのは、一九六〇年から七〇年代のころでした。第二次世界大戦後に生まれた、いま六〇代後半の「団塊の世代」と呼ばれる人たちが大人になったころのことです。

あなたにとってはおじいちゃんおばあちゃんの世代も、ひいおじいちゃん、ひいおばあちゃんの世代も、明治も大正も昭和もどれも似たような「昔」のことかもしれませんが、世の中って、この数世代でずいぶん変わったんですよ。そんな現代の歴史を学んでいくと、さらにいろいろな発見があると思います。現代史、ぜひ勉強してみてください。

で、この「団塊の世代」のみなさんが青春時代をむかえるころから、この、「結婚前に娘が男と関係を持つなんてもってのほか」というそれまでけっこう重要であった考え方が変わりはじめたわけです。

いまも人気のあるビートルズとかローリング・ストーンズ、名前くらいは聞いたことがあるでしょうか。こういうロック音楽が出てきはじめて、ジーパンをはいて、世界中で自由を求めはじめた時代でした。「フリーセックス」、つまりは「結婚していない相手ともセックスしてもいい」というような考え方が出てきたのも、このころでした。実際に、日本でも大学生や若者の中には結婚せずに同棲する人が出てきました。

ラッキーなことに、長く、こわいと言われていた梅毒《ばいどく》や淋病《りんびょう》といったセックスでうつる性病にかかっても、治る薬が出てきたし、現在も解決方法を模索している病気、エイズがみつかるのは八〇年代以降ですから、こわい病気もなかったので、なんとなく時代の空気は「フリーセックス」だったのです。

いまとなってはちょっと考えられないような、幸せそうな自由な時代です。そして、いったん手にした自由を人間はあまり手放したがりません。その時代以降、娘たちが「なにがなんでも結婚するまで男と関係してはいけない」と思うような親は減ってきたと思います。自分たちが勝手なことをしていたので、娘たちに厳しいことも言えないのです。

その「雰囲気」はいまも続いていて、あなたのおねえさんやおにいさんたちにも「結婚する前から一緒に住んでいて、それから結婚した」人もいるのではないですか。世の中の雰囲気は、「結婚前にセックスすること」にずいぶんと寛容になりました。むしろ「そういうことは個人的なことだから他人が口出しすべきじゃない」というのがおおよその考え方で、親たちも、子どもたちにあまり厳しいことは言わなくなってきたのです。

◆金色のヘビを飼う

歴史的まえおきはここまでです。

さて、あなたは、こういう時代だから、誰とでも機会があればセックスしてもよいのでしょうか。もちろん、まだ学校に行かなければならないし、あんまり早く子どもができてもたいへんだから、できないようにしなければならないけれど、では、子どもができないようにすればよいのでしょうか。最初の話に戻るけど、人生で最もすてきな出来事のひとつであるセックス。早くしたほうがいいのでしょうか。

「女の人は、セックスした男の人の数だけ、おなかの中に金色のヘビのようなものを飼うことになる」というお話があります。メキシコの呪術師の話、と言われています。

そのヘビのようなものを通して、女の人は関係を持った男の人に、ずっとエネルギーを与え続ける。そして、七年くらいはそのヘビのようなものはしっかり生きていて、女性のエネルギーを奪い続けるのだ、と言います。

えー、そんなこと迷信でしょ、だいたい、呪術師の話でしょ、科学的な話じゃない、と言われそうです。はい、そのとおりです。ほんとうかどうかなんて誰もわかりません。呪術師の話だから、「おとぎ話」みたいなものです。でも、周囲の女性の話を聞いても、自分の人生を振り返っても、これは、じつに当たっているなあ、と思うのです。

女の人は、いったん一緒に寝た男の人のことをそう簡単に忘れられません。短い間の関係でも、たった一夜の関係でも、その人のことをなかったことにはできません。関係性がどのようになろうと、ずっと気になります。ずっと気になる、ということは「エネルギーを与え続ける」ことかもしれない。たくさんの人にエネルギーを与え続けると、誰でも疲れ切ってしまいますよね。からだがなんとか大丈夫であっても、魂が傷つく。

だからこそ、不特定の人にからだを売る、「売春」は、女性にとって最もきつい、女性をおとしめるような仕事なのです。その昔、女性たちがからだを売らなければ生きていけないようなところは「苦界」と呼ばれていました。そして女性の人権をまもるために、「からだを売る」ことは禁止されるようになっていったのです。

最もすばらしい経験だからこそ、あなたが、何年にもわたってこの人にならエネルギーを与え続けてもいい、と思えるような、特別な人とだけ、セックスしてほしい。

あなたのからだは、あなた自身のもの。あなたがこころから愛する人と、その喜びをわかちあうもの。あなたの人生に訪れる、最もすてきな経験を、ぜひ、あなたにとって特別な人のために大切にとっておいてもらいたい。

いまの時代、誰もあんまりはっきり言わなくなりましたけれど、金色のヘビのことを思うと、若い世代には、やっぱりからだを大切にしてね、と言いたくなります。はい、金色のヘビは、単なるお話なんですけれども。

失恋したら

◆人生でいちばん悲しいことって？

人生、いろいろなことが起こります。悲しいことは数限りなくある。すばらしくてうれしいことが数限りなくあるのと同じように。でもなにがいちばん悲しいのでしょう。

親しい人の突然の死や病は、とても悲しい。でもなによりあなたを悲しませるのは、「恋」を失うこと。愛しあっていた人の気持ちがはなれていくこと。

まだ恋をしていないかもしれない若いあなたに、恋を失うことを語ることもちょっとさびしいことではありますが、今回は人生の先輩として、人生に起こりうる、最もきついことのひとつ、を語ろうと思います。

あなたは誰かを好きになる。もちろんあなたのおかあさんやおとうさん、おにいさんや妹、そして友達だって、好きな人はいっぱいいると思います。

でも、誰かに恋をするのは、いままでの「この人が好き」とはまったく違った感情。それは突然訪れる。ああだから、こうだから、などと理由があって人に恋するのではない。あんな人が恋人だったらいいのにな、と想像したり、かっこいいなと思う人があなたにはいるかもしれないけれど、恋は、そういうことではない。

あなたは突然誰かに恋をする。いや、恋におちる。

◆恋と瞑想

それは突然のことです。心の準備もなにもありません。あるとき突然、いままで見えていた世界とはまったく違うものが見え、いままで感じていたことがまったく変わってしまい、あなたの世界はあなたが恋におちた人を中心に回りはじめる。理不尽で、甘くて、切なくて、苦しくて、どきどきして、あなたはもう朝から晩までその人のことを考えずにはいられない。

意識して「恋をしよう」とするのではない、ただ、恋に、すとんと、おちるのです。

この意識もせずに「おちる」という感覚。じつは、瞑想《めいそう》、という体験もそれに似ているのだそうです。

瞑想、って聞いたことがありますか。座禅を組んで悟りを開いたお釈迦《しゃか》さまのイメージでしょうか。

ストレスが多い現代社会ですから、心を落ち着けるために、瞑想をするのがよいのだ、とか、自分自身をしっかりと持っておくために、瞑想を習慣にしている、とか、そういう大人もけっこうおられます。いまはヨガが人気があるから、ヨガをやっているおねえさんに瞑想ということばを聞いたことがあるかもしれませんね。

詳しい方に聞くと、瞑想とは、瞑想を「する」のではなくて、瞑想に「おちる」というような経験なのだそうです。

静かで風の通る気持ちのよいところに、心を落ち着けて座り、頭から雑念を払って、なにも考えないようにして瞑想を「する」、というイメージを、みんな持っています。もちろん、そうやって心穏やかになれる状態をつくって、ぽかんとしている、ということ自体、とてもよいことだから、やったらいいと思います。

けれど、瞑想、というのは「こうやって座って、こうやって頭からなにかを追い出して……」というような、自分からなにかを「する」のではなく、突然、自分が世界に開かれ、周囲のことがよく見えているのだけれど気にならなくなり、世界とつながったように思われる、そんな経験なのだそうです。

あるとき、突然、瞑想に「おちる」らしいのです。恋と同じように。

つまり恋におちる、という経験は、どこか瞑想に似ている。こうしよう、ああしよう、こうなってほしいからこう動こう、などという人間の意思とは関係がなくて、なんだかどうしようもなく、突然、そういう状態になる、という経験なのです。

◆ある日、突然

恋に落ちたあなたは、相手のまなざしを得たいと願う、相手にふれてみたいと願う、そして相手にふれられたいと願います。それがかなったときの喜びは、なににもかえることができないでしょう。

ましてやあなたの恋に落ちた人が、あなたのことを好きになってくれたりしたら、もう、世界中がばら色に輝いて見えます。あなたたちは愛しあう。とてもとても深く愛しあい、こころもからだも確かめあって幸せとはこういうときのことばなんだな、ってわかります。

このときが永遠に続いてほしいと願う。あしたもあさってても一緒にいたいと思う。来年の誕生日も再来年の誕生日も一緒にお祝いしたいと思う。

でも、人間ってなんて悲しいんでしょう。そんなに愛しあっていたのに、そしてあなたはまだまだその人のことが大好きなのに、相手があっさりあなたに「もう会いたくない」とか「別れよう」とか、世界が粉々になってしまうようなことばを告げて、あなたはふられてしまうことがある。これが失恋。

それは、死による別れよりつらいのではないかしら。まだ生きて、この世に存在している人なのにもう、あなたはその人に会うことができない。会えたとしてもあなたの恋するまなざしにその人はもうこたえてくれない。あなたにもう、やさしくふれてくれることもない。愛しあっていたはずの人が、あるとき突然、他人になる。

◆失恋したら

これがいちばん、きついこと、と書きました。こんなにきつい経験なのに、世界中のすごくたくさんの人が、この失恋というものを経験しているのです。そしてそのきつい経験から生き延びている。その人と愛しあわない日常を生きていく。

ほとんどの人はそんなにひどいことをされたはずの相手を生涯憎んだり、うらんだりせずに、傷つけたり殺してしまったりすることももちろんなく（そんなことしたら犯罪ですから）、その人ともう会うこともなく、ふつうに生きていく。それはおどろくべき人間の回復する力である、と思います。

それでも、自分の気持ちの持っていき場がなくて、ただ涙だけがあふれて、どうしようもなくて、なんて自分は不幸せなんだろう、と思う。

そういうときは、どうやって、回復する力を見つけたらいいのでしょう。

失恋のときは、文学に出合うとき、と思ってほしいな。

一九世紀や二〇世紀のヨーロッパの近代文学、あるいはラテン・アメリカの現代文学、あるいは、日本文学。たくさんの作家が、恋をしたこと、恋を失ったこと、について詳細に書きつづっています。恋や失恋をテーマにした小説は、時代と場所を問わず、たくさん、たくさん、あるのです。

それらの小説を読むうちに、あなたはきっと、自分はひとりぼっちじゃない、こんなに昔の人も、こんなに遠いところでまったく違う文化背景のもとで生きている人も、わたしと同じように恋に惑《まど》い、失恋に苦しんでいるんだ、ってわかります。

若いあなたよ、わたしは、もう、おばあちゃんの年齢です。自分の人生を振り返って、あの時期になにをしていたのかな、と考えると、まず、思い起こすのは、あの人に恋をしていた、ということ。どこでどんな仕事をしていたか、とかはちっとも大事なこととして思い起こされないんです。

誰のことを恋していたのか、誰のことが好きだったのか、そういうことだけが自分の生きてきた年輪に、消えることなくきざみこまれている。幸せな恋も、世界が終わってしまうような失恋も、みな同じようになつかしく思い起こされるのです。

失恋しても、世界はまだまだ続いていく。人間は悲しいけれど、生きることは、どこまでもなつかしく、美しいものです。

ふれること

◆ヒトの肌

人間の肌には毛皮がありません。すべすべしています。つるつるしています。動物の進化、ということについてあなたは理科や生物の科目で勉強してきたと思う。

哺乳動物として地上で進化してきた生物の多くは、「毛」でおおわれていて、わたしたちの肌みたいにつるん、としていません。大型類人猿、と言われる、わたしたちといちばん近い動物たちには、ゴリラ、オランウータン、チンパンジー、ボノボ、などがいますが、どれもヒトとは違って、長い毛でおおわれています。

大型類人猿の中で、わたしたちヒトだけが、この「毛」におおわれない、すべすべした肌を持っている。なぜこういうことになっているのか、について、いろいろな研究がなされていますから、興味を持ったら、ぜひ調べてもらいたいと思います。

いまは、この、つるつる、すべすべ、のお肌のお話からはじめましょう。

わたしたちは、「毛」が少ない。あなたは自分が「毛深い」とか、悩んでいるかもしれないけれど、ゴリラやチンパンジーと比べたら、大したことないわけでありまして、ヒトの毛深さ、など、遠くから見たら、わからない程度です。「毛深い」と思っている人でも、手で肌をさすって気持ちいいな、と思える程度の「毛深さ」で、フサフサした髪の毛のような毛がからだ中に生えているわけではありません。

このすべすべした皮膚。ふれるととても気持ちいいのです。この肌が「毛皮」でおおわれていたら、ふれたり、さすったりする感触は、きっと違うと思う。犬や猫もなでられると喜ぶから、やさしくなでられることは、うれしいのだとは思うけれど、その触覚は、このすべすべとした肌同士のふれあいとは違ったものではないか、と思います。

◆自分の手をさすってみる

自分の両方の手を自分でやさしくさすってみてください。手のひらと手のひら、手のひらと手の甲、ゆっくりと両手で自分の手をさすります。

しばらくさすっていると、なんとなく手がつるつるしてきませんか。自分で自分の手をさするのも、なかなかに気持ちのいいことなのです。

わたしたちの皮膚は、やさしくふれられると本当に気持ちがよくて、生き生きしてくるのです。

自分の手で、頬や肩やおなかや、自分のからだのあちこちを、そっとさすってみてください。腕をさすりながら、よく毎日がんばってくれているね、とか、足をさすりながら、今日もご苦労さまでした、とか、自分で言ってみてもいいかもしれない。わたしたちの手には、わたしたち自身の肌を生き生きさせる力があるのです。

自分の手で自分の肌をさすっても気持ちがいいのですから、自分が信頼して、さわられてもいい、と思う人にふれられると、もっと気持ちいいし、安心します。

けがをしたところには、「お手当て」をしましょう、と言いますね。けがをしたり、痛かったりするところに、おかあさんにやさしく手を当ててもらうと、痛みが少しやわらいだりすることってあったでしょう。「手を当てること」には、文字どおりの力があるのです。

ふれることは気持ちがいい、おだやかなよい関係を持っている人、すなわち自分が好きだな、と思っている人にふれることは気持ちがいい。だから、ふれたいし、ふれてもらいたいし、ふれずにはいられない。これは人間が生まれたときから持っている、わたしたちの存在の基礎となっているような「欲望」なのです。

生まれたばかりの小さな赤ちゃんにふれたことがありますか。ふわふわしてやわらかくていいにおいがして、ほんとうにかわいい。赤ちゃんを見ていると、ふれずにはいられないし、顔を近づけてキスしたり、においをかいだりしたくてたまらない。

赤ちゃんは、次の世代を愛《いと》おしむ、人間の根源的な欲望をかきたてる存在なのです。赤ちゃんもまた、そんなふうに、まわりの人間たちにふれられ、かわいがられたりしないと、生きていくことができません。誰にもふれられない赤ちゃんは、それだけで死んでしまうのです。

そういう意味では、あなたが、もし、「自分って親にかわいがられなかったんじゃないか」なんて、危ぶんでいるとしても、心配ありません。

あなたがいまの大きさまで育ってきた、ということは、あなたが赤ちゃんのとき、あなたを愛おしんで、あなたにふれ、あなたを抱き上げ、あなたをやさしくさすったり、頬を近づけたりした人が、かならずいた、ということなのです。

そういう人がいなければ、あなたはここまで育つことすらできなかったのです。

◆誰かにふれてほしいとき

もう一度言いましょう。ふれて、ふれられて、気持ちがいい、と思うことは、人間にとって存在に関わるような根源的な欲望です。

小さいときは大人にたくさん抱っこされたり、抱きしめられたりして育ってきたあなた。その、ふれられたい、という欲望は、ちょっと大きくなったから、と言って、なくなりはしません。

日本では、ハグしたり、キスしたりしてあいさつをすることはありませんが、あなたが誰かにふれてほしいな、と思ったら、たとえば、おかあさんに言ってみるといいと思います。

おかあさん、小さかったときみたいに、わたしを抱っこしてくれない？　わたしを抱きしめてくれない？　はずかしかったら、おかあさん、背中をさすってくれない？　とか、頭をなでてくれない？　でもいいと思う。

不安なとき、悲しいとき、おかあさんにふれてもらうと、とても安心すると思います。家族って、そういうことを頼んでもいい存在なのです。

そして、月経がはじまり、胸がふくらんできて、大人の女性のからだに近づいてくると、あなたには「好きな人」ができる。好きな人ができると、好きな人にふれたい、と思う。好きな人にふれてほしいと思う。

自分で自分のからだをやさしくさすっても気持ちがいいし、おかあさんや家族にさすってもらっても気持ちがいい。

好きな人にふれてもらったら、どんなにか気持ちがよくてうれしいことでしょうか。

あなたの皮膚はどんなにか、好きな人にふれられることを喜ぶことでしょうか。

そうしてもらいたい、と思うこと、そして自分もその人にふれていたい、と思うこと。大人の男と女が感じる、そのような欲望を「性欲」と言います。いままで自分でふれたり、家族にやさしくふれてもらったりすることの延長線上にあるけれど、でも、もっと激しく、それでいて、もっともっと気持ちのよいことへの渇望。

あなたのからだはどんどん大人のからだに近づいていき、あなたは自分だけではなく、自分の家族だけでもなく、親しい友人だけでもなく、もっと別のたったひとりの人を欲するようになる。

その人にふれたいと願い、ふれられたいと願い、抱きしめたいと思い、抱きしめられたいと思い、頬を近づけたいと思い、寄り添って眠りたい、と思うようになる。

そのようなやさしくて激しい感情が人間を次の世代へと送り、文化を発展させ、人間の社会をより豊かなものにしていく基礎にありました。

あなたもまた、そのような、「大人の感じる欲望」を自然に感じるようになる。それは、あなたの、いまは知らない、しかし、知るに足る、とても美しい経験です。

でも、くりかえして言いますが、そのような「性欲」はいまのあなたと切りはなされたところに存在するわけではなく、いまあなたが自分のからだを心地よいと思うこと、ふれられて気持ちがよいと思うことの、そのまた先にあるのです。

いまはあなたのからだを愛おしみ、おかあさんや、家族のみんなにやさしく抱きとめられていてください。

そうすればこそ、その先にある、あなたの「性欲」をあなたはきっと、愛おしんで受け止めることができることでしょう。

母性について

◆「母なるもの」

母の性と書いて「ぼせい」、と読みます。英語でマザーフッド（motherhood）、と言います。母なる性質、母なる思い、母なるふるまい、母なる祈り。いろんな意味がこめられている。

母なるものへのあこがれ、母なるものへの敬愛、自分という存在をまだ目に見えないときからはぐくんでくれて、この世に送り出してくれて、愛おしんでくれて、自分が自分であることを気づかせてくれて。

世界中の文化には、母なる存在への感謝が満ちており、母なる存在への愛情は、さまざまなかたちであらわされてきました。とてもすてきなことばなのです。ほとんどすべての言語でこの「母性」をあらわすことばは、ただ、よき思いに満ちたことばです。

若いあなたは、この国にあって、日本語で勉強していくことが多いでしょう。これから、よく勉強すればするほど、「母性」というものについて知ることになるでしょう。そして、それはきっと、あまりよい意味で使われないことに気づくと思う。この国では、とても長い間、「母性」ということばは、あまりよくない、はっきり言って、ちょっとネガティブな意味で使われがちだったのです。

◆「母性」はおしつけ？

「母性」ということばを使うことは、女性に「母親」という役割をおしつけてしまうから。母親にもならないし、なりたくない人もいるのに、そんな人たちに「母性」を求めるなんて、その人たちを苦しめるだけだから。なんらかの理由があって、おかあさんのことを好きでなかったり、おかあさんという存在に苦しめられていたり、おかあさんに支配されていたりする人たちは「母性」というものに苦しめられているわけだから、「母性」という言い方をすると、さらにまた、その人たちにつらい思いをさせるだけだから。「母性」ということばを口にすることで、「平等」であるべき男と女を差別して、女にだけ母の役割をおしつけることになるから。だから、「母性」などということばは、女性を苦しめるときにしか使われないのだ……、と。

きっと、こんなふうな言い方を、これからのち、あなたたちのうちで、まじめに勉強する人ほど、身につけるようになります。

勉強するのはよいことです。いままで知らなかったことを知ることはよいこと、自分の固定観念を破るようなことを知ることはわくわくすること、そして、世の中に起こっていることをよく理解できるようになり、世界で起こっていることを自分なりの視点で見ることができるようになる、ということはよいことです。自分の頭で考え、学び、たくさんの先輩たちが残したことを知ることはよいことです。

でも、これから勉強して、どうも「母性」ってあんまりいい意味じゃないんだな、「母性」ということばを使うと、女性を苦しめるんだな、というふうなことを勉強したときには、ちょっと待って、と言いたいところがあるのです。

◆誰にでもある気持ち

「母性」というのは、別に女性だけにそなわっている、とか、母親になる人にだけ立ちあらわれるとか、そういうものではない、とも、考えられます。

あなたは小さい子どもや赤ちゃんを見るのが好きでしょうか。あるいは家で飼っている犬や猫やハムスターと仲よくするのが好きでしょうか。

自分より小さくて、やや力がなさそうで、なにか助けてあげたいな、なにかをやってあげたいな、と思う気持ちが起こってくることがありますよね。あなた自身だって、まだ世の中から見れば「子ども」に入るし、人を十分に世話できるような、そしてすべて自分の責任で行動できるような大人、とは言えないのかもしれませんが、それでも、あなた自身より、小さい、あるいはあなた自身より、はかなげな、そして、あなたの助けを必要とするような、そういう存在には、なんとも言えない「お世話をしたい」気持ちがわいてくることがあるのではないでしょうか。

わたしはそんな気持ちを「母性」と言うのではないか、と思っています。自分のまわりで生きている人（あるいはほかの生き物）が、なにか自分の助けを必要とするときに、そばによって、抱き上げて、なでなでして、かわいがってあげる、まもってあげる。それをしないではいられないし、しないでいると、なんだかつらくなってくる。そういう感情があってこそ、「人類」という生物の種は続いてきたのだと思います。

テレビの動物ドキュメンタリーなどで、自分の危険を顧《かえり》みず、ヒナをまもろうとする親鳥、とか、猛獣に襲われそうになっている子どもを体当たりで撃退する動物、とか、ああいう行動は、あなたが感じる「弱いものはまもってあげたい」思いと同じものに根ざしているのでしょう。それこそが「母性」ではないでしょうか。

◆まもってあげたい

もちろんそれは、子どもを産んで実際に母になっている女性にだけ立ちあらわれるものではなくて、あなたのような若い人にも、また、男性にも、わき起こることがある感情だと思います。「母性」は、母親だけにあらわれるものではなくて、すべての人間にあらわれることがある性質なのです。

ここまで書いてもうおわかりと思いますが、「母性」は、人間が人間として続いていくことを支える「本能」のひとつなのです。この「本能」があるから、人は次の世代を育てられる。

「本能」であるなら、放っておいても誰にでも子どもを育てられるくらいは十分にあらわれる性質なのか、と言われると、残念ながらそうではありません。いま、わたしたちが生きていかねばならない「近代的」で「便利」な世界では、そういう「本能」がむしろ、抑え込まれていて、うまく出てこないことも多いのです。最初に書いた「この国では母性のことをよい意味で使わない」ということも、「本能なんて出てこないこともあるのに、誰にでも本能がある、なんて、よくない」ということなんだと思います。

では、「本能としての母性」ってどうすれば十分に出てくるのでしょうか。あなたの「小さいものを愛おしむ気持ち」はどうすれば、将来、次の世代を育てられるほどに、強くなっていくのでしょうか。

◆母性スイッチが入るとき

じつは、心配は、いらないのです。この本でも順を追って紹介している妊娠とか出産とか授乳とか子育て、など、すべて女性のからだに起こることには、「母性」がオンになるスイッチのようなものが隠されているのです。

自然に妊娠したり、自分の力を使ったお産をしたり、おっぱいをあげたり、赤ちゃんのうんちやおしっこに付き合ってあげたりしていると、なんだかわからないけれど、力がわいてきて、夜あまり眠らなくても赤ちゃんのめんどうを見られるようになったり、子どもがかわいくてしかたなくなったりする。どこかで「母性」のスイッチが入り、スイッチが入ると、わりと楽に次世代を育てることができます。

いままで人間は、そうやって次の世代を育ててきたのだと思います。つまり「母性」は女性でなくても母親になった人でなくても、男性でも、立ちあらわれる可能性がある本能ですが、子どもを産んだ女性は、とりわけ、スイッチがたくさんある状態だから、「母性」が立ちあらわれやすい、ということなのです。

若いあなたには、自分のからだを慈《いつく》しみ、楽しみ、わき上がってくる感情をただ、いまは、愛おしんでいてもらいたい、と思っています。

自分のからだを楽しんでいれば、必要になったときには、どんなふうにすれば「母性」のスイッチが入るのか、きっと自然にわかるようなあなたになっていることでしょう。

3章

子どもができるまで

子どもができるまで

◆科学で説明できること

「奇跡のプロセス」（1章）でも書きましたが、なにが奇跡、と言って、人間が人間をつくる、ということ以上におどろくべき出来事はありません。

ほかの動物や、あるいは植物も同じですけれど、自分と同じ生物を子孫として残すことができます。人間もそうなのです。女であるあなたのからだは、新しい人間をからだの中ではぐくみ、産みだすことができます。

生きていく、ということは、多くのおどろきや奇跡やまぶしい出来事に満ちていますが、この「ひとりの人間をつくる」ということ以上にびっくりすることは、なかなか、ないものです。

いまや科学の方法で精密に調査され、「人間がつくられる」プロセスについてもいろいろな理解が進んでいます。

女のからだにある卵子が男のからだがつくる精子と一緒になると、卵子が受精卵となって、妊娠がはじまり、だいたい一〇カ月くらい女性のからだの中で子どもは育ち、生まれる、というプロセスも、もちろん精妙に調査研究されています。

女性はだいたい一カ月に一度、排卵するので、そのころに卵子が精子と出会うと妊娠が起こる。昔の人もだいたい感覚としてわかっていたと思いますが、そういうプロセス自体も科学で説明されています。だから、あなたも学校や本で、そんなふうに、習う、あるいは勉強する、と思います。

科学はわからないことをひとつひとつ観察して、実験して、科学的な事実を積み上げていく、というのがその方法です。それは誰にとっても興味あることだし、尽きせぬ人間の自然界への疑問を理解する、というわくわくする思いに満ちています。

観察や実験、理科や算数、数学、といった科目が大好きなら、あなた自身も将来、疑問を抱え、それを解くことを生涯の課題とするような科学者になるかもしれません。それはものすごく魅力的な人間の仕事だと思います。

◆科学でわからないこと

でも、この世の中の奇跡や人間の行動や思いや人間同士の関わり、自然のありようについて、科学はすべてを解明しきれてはいない。おそらくすべてを解明することはとてもむずかしい。そしてその最もむずかしいところに、この「人間をつくる」、すなわち妊娠して、出産する、というプロセスも、あると思う。

たとえば、「いつ妊娠するのか」、つまりは「いつ子どもができるのか」ということについても、わかっているようで、わかっていないこともたくさんあります。

あなたは学校などで、妊娠の科学的プロセスを学んでいるでしょう。月経がはじまった女性は、だいたい、月に一度、排卵する。からだには卵巣が二つあって、どちらかの卵巣から排卵される。排卵日はだいたい、生理がはじまったときから二週間目であることが多い。だから、だいたいこの日の前後に、男と女が愛しあうと妊娠することが多い、ということはご存知だと思います。

もちろんそれはそのとおりで、間違ってはいません。でもこのような「科学的説明」は、「子どもができる」という、人間最大の奇跡のプロセスをすべて説明しきれてはいません。

一カ月に一回、女性が排卵するなら、そのあたりで、男性と性行動を行えば、子どもをつくることができる、とか、そのような、つまりは、お米をといで水を入れて炊飯器に入れればご飯が炊ける、というようなこととは、まったく違うのです。

なぜ妊娠するのか、については、じつはまだわからないことも、とてもたくさんある。若いあなたは、いまのところ、「科学がおしえてくれることはものすごく大切で、真実に近づく道だけれども、まだまだわからないことはたくさんあって、妊娠や出産というのは、そのわからないことがいちばん多い分野だ」くらいに、思っておいてください。

◆スタンダードな説明

どのように実際に子どもができてきたのか。それは科学とはあんまり関係のない、人間の深い交わりによって、結果として子どもができました、という説明が、いちばんスタンダードです。

男と女が出会う。子どものころに出会うのではなくて、大人のからだになっている男と女が出会う。あるとき、突然、いままで出会ってきたたくさんの男の人とは違う、と自分が感じる男の人に出会う。なんだかその人のことが気になってしかたがない。その人に会いたい、その人とともにいたい、その人と気持ちもからだも確かめあいたい、ぎゅーっと抱きしめていたい、かたわらで一緒に眠りたい。相手もそんなふうに思ってくれていたら、あなた方は深く愛しあうことができる。

ずっと会いたいのだから、ずっと一緒にいるようになり、多くの社会ではそれは「結婚」という形をとって、まわりの人たちにあなたたちの新しい関係を認めてもらうことができる。認めてもらうとあなたたちは、もっと長く一緒にいられるようになる。

そのような男女は、とにかくおたがいを求めているのですから、顔さえ見れば、一緒になりたい、抱きあいたい、セックスしたい、ということになり、毎日そういうことばかりするようになり、それを望むようになり、毎日愛しあっていたら、あるときふと気がついたら、女の人は妊娠していました。

これが人類史上、最も多い形で行われてきた「子どもをつくる」、「子どもができる」というプロセスであった、と思います。だから、別に一カ月に一度排卵する、とか、そういうことを意識しようがしまいが、おたがいに大好きになったら、毎日仲よくしているから、その結果として、子どもができる、ということはわりと自然に多くの人に起こっていたわけです。

◆授かりもの

一カ月に一度排卵する、と、科学は説明しています、と書きました。人間はだいたいそうなのですけれど、そのように定期的に排卵しない動物もいます。

ウサギなどは、定期的には排卵せず、メスのウサギはオスのウサギと性行動を行うと、排卵するのだそうです。そういう動物は少なくありません。

人間はそうじゃない、と言われていますけど、どうやら、そういう排卵もあるらしい、ということを人間は経験的に知っています。排卵するあたりには、セックスしないようにしていたのに、なぜか妊娠してしまった、などという話は、世界中に、それこそ山のようにある話です。

あなたももうちょっと大きくなったら、周囲の大人の女の人に聞いてごらんなさい。きっと、「妊娠しないと思っていたときに妊娠してびっくりした」話をみんなひとつや二つは、あなたにしてくれます。

人間の歴史は、悲しい戦争の歴史でもあります。戦時中は男たちは戦地に出かけていって、家にはいません。戦地から、とても短い間、家に帰ってきて、そのときに「どう考えても排卵日ではなかったのに」、妊娠しました、という話もまた、けっこう世界中で知られている話なのです。

昔から「子どもは授かりもの」、と言われてきました。これは、子どもをつくること、子どもができること、は、人間の意思だけではなかなかうまくいかないことである。なにか人間を超えた大きな力によって「授けられている」ものである、という言い方でした。

いまとなっては、科学が発達してもわからないことがある、わたしたちが完全に知ることができないことがある、ということに敬意を払うことばでもあると思います。

若いあなたの多くは、これから先、いままで多くの女の人がそうしてきたように、子どもをつくり、子どもをはぐくみ、子どもを産むことを経験することでしょう。それがあなたの人生に起こるとしたら、それは大きな奇跡であり、人知を超えたものであり、なによりも想像もつかない喜びと幸せに満ちた出来事なのだ、ということを、先の世代から、お伝えしたいと思います。

子育てってたいへん？

◆アフリカの子育て

若いあなたも「子育てってたいへん」って思っているでしょうね。まわりの大人たちがそんなふうに言っているのを聞いているでしょうから。

あるいはテレビをつけていれば、ニュースや他の番組でも、「子育て支援」とか、「母親を孤立させないように」とか、とにかく、子どもを育てるってとてもたいへん、ってよく言っています。だから、あなたも「子どもを育てるってなかなか苦労するもののようだなあ、たいへんなようだなあ」と感じていると思います。

もちろん人間が次の世代を育てるというのは、「おおごと」で、とても大切なことではあると思います。でも人間がこれだけ長い間、絶えることなく続いてきたことを思うと、大切なことではあるけれど、そんなにたいへんなことでもないんじゃないかなあ、って思うこともできる。

子どもを産んだり、おっぱいをあげたり、誰でもやってきて、いままで続いてきたんだから、子どもを育てることだってじつは誰だってできるんじゃないかな、とも考えられるんですよね。

アフリカに行ってきました。アフリカ、と言っても広い。アフリカ大陸にはたくさんの国があり、それぞれの国が違う。でも共通することもある。子どもたちの育ち方にはちょっと共通するところもあるみたいです。

わたしが行ってきたのは、コンゴ民主共和国、というところ。なぜ「コンゴ民主共和国」と長い名前を書くかというと、アフリカには「コンゴ共和国」という国もあるから。

いま、アフリカには二つ、「コンゴ」と言われる国があるんです。首都がブラザビルという街であるコンゴ共和国。ここはずっと「コンゴ」と呼ばれていました。首都がキンシャサのコンゴ民主共和国のほうは、しばらくの間「ザイール」と呼ばれていた国です。

なぜこの二つの国がコンゴと言うのか、なぜキンシャサのほうのコンゴはしばらくザイールだったのか。興味があったら、調べてみましょう。アフリカの国は西洋列強によって植民地化されていましたが、どこの国に植民地にされていたか、も調べてみるといいですね。

わたしの行ったコンゴ民主共和国（ＤＲＣとかキンシャサ・コンゴと呼ばれることが多いです）は元ベルギーの植民地で、フランス語がいまも広く使われています。現地のことばはたくさんありますけれど、リンガラ語ということばをみんな共通語として使っています。

◆子どもがおんぶする

ＤＲＣの村を訪ねましたが、そこでは幼い赤ちゃんや子どもの世話をしているのは、ちょっと大きい子どもです。世話をされている赤ちゃんや子どもより、ちょっと大きいだけ。

たとえば、四歳か五歳か、と思われるような女の子でも背中に赤ちゃんをおんぶしています。女の子だけではなくて男の子が赤ちゃんを背負っていることもあります。一〇歳前後になるともう立派なおかあさんがわり。おかあさんがやるように、腰巻きの布できっちりと赤ちゃんを背中におぶって、家の手伝いもやっています。

子どもの世話なんかさせられて、かわいそうに、学校にも行けないのだな、などと思ってはいけません。この子どもたちはちゃんと学校にも行っています。村に小学校があるし、隣村には中学校もあるし、子どもを育てることやおうちのことを手伝いながら、女の子たちもけっこう、学校に通って勉強もしています。わたしが行ったときは夏休みで、みんな家のまわりにいたようです。

ずっと子どもたちの背中におぶわれているから、赤ちゃんのほうも「おんぶされ慣れている」という感じで、上手におんぶされていて、おねえちゃんたちがちょっとくらい手をはなしても、しっかり両手両足でしがみついています。赤ちゃんのほうも、おぶっている少し大きな子どもたちのほうも、とても濃密なからだの接触の中で毎日を生活しています。

日本も、みなさんのおばあちゃんのそれまたおばあちゃんくらいの世代くらいまでは子どもが赤ちゃんの「子守り」をさせられていた、と言いますし、学校に行きたいのに「子守り」で行けなかった、とか、学校に赤ちゃんをおぶっていかねばならなくてたいへんだった、というふうに言われているから、あなたもまた、あまりいい印象はないかもしれない。

でも、今回アフリカで子どもたちが赤ちゃんや幼い子のめんどうをみているのを見て、幼いころからの子ども同士の接触は、とてもいいものだなあ、と思いました。

◆誰にでもできること

わたしはDRCでそういう様子を見てきましたけれど、別の国で研究している人類学者の人も同じような話をしていました。

人類学、という学問を聞いたことがありますか？　人間とはなにか、人類とはなにか、ということを研究する学問で、いろいろな国へ出かけて行って、現場で人間のやっていることを観察させてもらったりするのも、人類学の研究のひとつです。

なかなかおもしろい学問なので、将来、大学に行きたいなあ、と思ったときに、人類学を専攻する、というのも興味深いことですから、ちょっと頭の片隅に、「人類学」ということばをおいていてくださいね。

で、別のアフリカの国、ボツワナでフィールドワークをやっている若い人類学者の友人が言っていたのは、「最初に村にフィールドワークに入ったとき、お前は料理もできないし、森に食べ物を取りに行くことも知らないし、畑の仕事もできない。なにもできないから子どものめんどうくらいみておきなさい、と言われて、赤ちゃんを、はい、と渡された」ということでした。

つまり、その村では、女はいろいろなことができないとダメ。

わたしの友人は、ボツワナのその村の女性たちができるようなことはなんにもできない。まあ、日本人で突然、アフリカのある村に入っても、できることはあまりないかもしれない。で、なにもできないようだから「赤ちゃんのめんどうでもみておきなさい」という。

つまり、「赤ちゃんのめんどう、子どものめんどう、などというのは、なーんにもできない人でもできること」というふうに思われている、ということなのです。だから、五歳くらいの幼い子どもでも、赤ちゃんのめんどうはみられる、と思われている。赤ちゃんのめんどうをみたり子どもを育てたりすることは、ちっともたいへんなことだと思われていなくて、「誰でもできること」だと思われている。

それはわたしが今回行ったＤＲＣでも、友人が行ったボツワナでもどうやら同じような感じなのでした。わたしは他のアフリカの国にも行ったことがありますが、そう言えばどの国でも、子どもたちが赤ちゃんをおぶっていました。

人類発祥の地、アフリカでは、わたしたちのように「子育てがたいへん、赤ちゃんを産んで育てるのはものすごくしんどいこと」というふうには、どうやら考えられていないのですね。

もちろん、子どもの権利とか、学校に行って勉強して好きなことをすることが大切とか、子どものめんどうはちゃんと大人がみるべきだ、とか、いろいろなことを言うことも必要ではあります。開発途上国と呼ばれる国で子どもがみんな、幼い子のめんどうばかりみて学校に行けない、という状況がそれでいいと思っているわけではない。

でも、「子どもを育てるなんて、誰でもできることだよ」、「他のことがまだできなくても、赤ちゃんのめんどうくらいは誰でもみられるんだよ」というメッセージは、わたしにはとても大切なことだと思える。

「たいへんだ、たいへんだ」と思っているとたいへんになる。「誰にでもできるよ」と言っていれば、「誰にでもできる」ようになる。

若いあなたには、赤ちゃんを育てるくらい、ほんとうは、なんなくできますよ、と伝えたいし、そして、周囲に赤ちゃんがいたら、ぜひ、積極的に抱っこさせてもらったり、おんぶさせてもらったり、お世話をさせてもらったりするといいな、と思うし、それって楽しいことで、慣れたらなんでもないこと、と思いながら育ってもらいたいな、としみじみアフリカで考えたのでした。

布ナプキンの使い方

◆あなたはなに派？

何度か、月経、つまりは生理のことを取り上げてきました。この項は、その続きです。この回だけ読んでくださってもいいんだけど、前の月経のお話（1章の「毎月生まれ変わる」、「生理のお手当て」）を読んでいただけると、もっとおもしろく読めるので、おすすめです。

あなたは生理のときになにを使っていますか。多くの人は「ナプキン」を使っていることでしょう。いまはとてもよい品質のものがありますし、かわいらしいものも多いですから、あなたもお気に入りのものがあるかもしれないですね。

これらのナプキンは、「紙ナプキン」とも呼ばれますけれど、実際は紙でできているのではなくて、石油製品というか、合成化学物質からできています。だいたいいまから五〇年くらい前から、この国の女性たちはいま使っているような「商品化された生理用ナプキン」を使っています。

わたしはいま、もうちょっとで六〇歳になるくらいの年齢なんですが、わたしがはじめて生理をむかえたころには、もうすでに、いまのような、パッケージに入って売っている生理用ナプキンがありました。

それらはほんとうに、「紙」でできていたりして、すぐにもれてしまうようなものも少なくなかったのですけれど、吸収剤を使っているものも出はじめていて、もれないようにシートのようなものが中に入っているものも開発されてきていました。それからどんどん製品開発されて、いまのようなかたちになっています。

生理のときでも心配なくお風呂に入れたり、プールに入れたりする「タンポン」も、五〇年くらい前からありました。慣れない女の子たちにはなかなか使いにくいものでしたが、そのうちプラスチックのアプリケーターつきのものも出てきて、使いやすくなりました。

アメリカやヨーロッパの女性たちはどうも、日本の女の人よりずっとタンポンを日常的に使っている人が多いようです。日本でも使っている人はかなりいますが、話を聞いていると、圧倒的に「ナプキン派」のほうが多いようです。

◆お肌にやさしい

あなたがとても気に入って、紙ナプキンを使っているのなら、それでいいのですが、なんとなく気持ちがわるいな、とか、ちょっとかぶれやすいな、とか思っているなら、「布ナプキン」というオプションもあります。

文字どおり、布でできていて、使い捨てではありません。使って、洗って、干して、また、使うのです。いろいろなかたちのものができていて、いまは、パッド状になっていて、下着の股のところにつけてパチンとスナップでとめるものもあるし、ハンカチのように一枚の布になっていて、折り返して使うものもあります。

え〜、いちいち洗うナプキンなんて、そんなのめんどうくさくていやだ、それに絶対、もれそう、とあなたは思うかもしれないですが、じつは若い人たちにも、布ナプキン愛用派が着々と増えています。ということは、布ナプキンにもよいところがいろいろある、ということです。

まず、布ナプキンは肌にやさしい。ふんわりしていて包まれるような気持ちがします。使い捨てのナプキンをつけたときはなんだか冷たい感じがしますが、布ナプキンをつけるとあたたかい感じがして、とても気持ちよいのです。

そして、なぜか、においがありません。生理でナプキンを取り替えるとき、ちょっといやなにおいだな、と思うことがあるでしょう。月経血と使い捨てナプキンの吸収体か何かが反応しているのでしょうか、よくわかりませんけど、布ナプキンを使うとまったくあのにおいがしないのが不思議です。

洗うのがいちいちたいへんだな、血液ってそんなに簡単にきれいにならないだろう、と思うかもしれませんが、わりと簡単です。使ったナプキンはさっと下洗いしたあと、重曹を溶かした水にしばらくつけておき、その後、ふつうに洗うと、だいたいきれいになります。いまは「布ナプキンの洗い方」でネット検索するといろいろな方がいろいろなことを試しておられることもわかりますから、参考になさるといいかもしれません。

◆月経血コントロールと相性がいい

しかしなにより、布ナプキンを使うよさは、「自分で洗うのだから、できることなら、なるべく汚さないようにしよう」と自然に思えてくることです。

使い捨てナプキンだったときは、いったい月経血がいつ出ているのかもよくわからず、言い方はわるいですけど「たれ流し」状態です。けれど、布ナプキンを使うと、自然に、月経血が出るのがわかってきます。

生理のとき、椅子に座っていて、立ち上がると、どっと出るのがわかる、という感覚を思い出してみてください。あんな感じで、あ、出るな、という感じがわかるのです。それがわかれば、その直前にトイレに行って出せばよいわけです。

「出るのがわかるので、トイレに行って出す」ことを、「月経血コントロール」と呼んでいます。布ナプキンを使っていると、「月経血コントロール」ができやすくなるのです。

つまり、布ナプキンと月経血コントロールは相性がよいのです。月経血コントロールとは、「月経のとき、なるべくトイレで出しておく」ことからはじまり、月経血が出るのがわかるようになったら、なるべくトイレで出す、ということに尽きます。出るのに気づけないこともあるので、ナプキンは、そのときのためにあてておきましょう、というくらいの使い方になります。そのとき、使い捨てナプキンではなくて、布ナプキンをあてておくと、わかりやすいのです。

◆自分のからだを見なおす

これは、「布ナプキンだと、もれてしまうのではないか」という疑問に答えることにも通じています。

布ナプキンを使っていると、だんだん、自分のからだに敏感になってきます。月経血が出るのもわかりやすくなってきて、結果として、ナプキンをそんなに汚すことがなくなります。基本的にはトイレで出すわけですから、もれるほどの量をナプキンで受けることがなくなるのです。

夜の間も、昼間に月経血コントロールを意識できるようになると、あまり出なくなりますから、布ナプキンをあてて寝るだけでなんの問題もない、という人も多いのです。

もちろん最初からいろいろうまくいかないこともありますから、はじめは無理せず、スポーツをするときや、長い時間トイレに行けそうにないときは、使い捨てナプキンにたよるのが、いいと思います。

まずは休日、おうちにいたり、気持ちに余裕のあるときに、布ナプキンを試してみてください。ちょっとくらいもれても、困らないような状況ではじめてみると、安心ですね。

わたし自身はもう、生理が終わってしまったので現役の話じゃないんですけど、月経血コントロールの研究をはじめてからは使い捨てナプキンは使わなくなり、ネルの一枚の布のような布ナプキンを使っていました。ふんわりして気持ちがよく、何度も折り返して使うことができます。慣れてくると、少ない日はナプキンなしですごしていました。量の多い日は心配なので、布ナプキンをしていましたが、一日一枚で十分でした。

月経血コントロールと布ナプキン生活をはじめると、月経痛や月経困難が軽くなった、という話を多くの人から聞きました。「生理っていやなもの」と思わなくなって、毎月、今月はいつ布ナプキンしてみようかな、月経血コントロールもっとうまくできるかな、と思っているだけで、月経のことが愛おしくなってきます。

だまされた、と思って、若いあなたには試してみてほしいです。自分のからだを観察するのがおもしろくなりますよ。

一枚の布

◆誰もはいていなかった

あなたはあたりまえのように、パンツをはいていると思います。いや、いまはあなたくらいの年齢の女の子でも、パンツ、なんて言わずに、ショーツとかパンティとか言うのかもしれない。ファッション界では「パンツ」は下着のことじゃなくて、ズボンやスラックスを意味する日本語として使われるようになって、ずいぶん長くなりますからね。でも今回は一応、「パンツ」は下着としてのパンツ、と定義します。

で、あたりまえのように、パンツをはき、おそらくはパンツは毎日着替え、毎日洗って（洗濯機に放り込んで？）いると思います。あなたにとって、それは幼いころからの習慣だと思うのですが、これが日本の女性の習慣になってから、まだあなたで、三世代目くらいじゃないかと思います。

あなたのおかあさん、そしてあなたのおばあさんは、おそらくものごころついたころからずっとパンツをはいていたことでしょう。

しかし、あなたのおばあちゃんのおかあさん、すなわち、あなたのひいおばあちゃんくらいのときは、まだパンツはそんなに普及していませんでした。ひいおばあちゃんのおかあさん（そんなの、日本昔話の世界じゃないか、と言われるかもしれませんが）のころは、誰もパンツははいていませんでした。きものが日常着の生活でしたから、パンツははいてなくて、下着は「腰巻き」という腰に巻きつける布をつけていたのです。

◆腰巻き文化の国では

ひえ〜、そんなの、すうすうしちゃって、寒いんじゃないの、とか、なにもはかないとかありえない、とかいうのは、あなたが毎日パンツをはいているから、そう思うだけです。日本だけじゃなくて、他のアジアの国やアフリカなど、「腰巻き」ふうの伝統衣装をつけているところでは、もともとパンツははいていなかったようですし、ラテン・アメリカのボリビアの高地など、寒いからスカートを何枚もはくような伝統衣装を着ているところでも、パンツははいていなかったようです。

いろいろな国で、パンツをはくようになったのは、つい、この数世代のことであったらしい。これは、けっこう興味深いことです。

パンツは股にぴったりくっついていますから、毎日洗わないと不潔ですよね。日本でパンツが普及しはじめたころ、「パンツは毎日洗いましょう」といろいろなところで啓蒙《けいもう》活動が行われ、学校などでも、そんなふうにおしえられたことがあった、という人もいました。

股にぴったりくっついている下着はどうしたって、毎日洗わねばなりません。腰巻きふうの下着だと、パンツほどは直接よごれませんから、あまり洗濯のできない上記のボリビアのような地域などでは、毎日洗わなければならないような下着は、つけていなかったのではないか、と思います。

◆きものとパンツの相性

日本の伝統衣装である、きものを着るときは、もともとパンツははかず、腰巻きだけをつけていたのです。あなたも七五三や、関西の人なら十三参り、あるいはお正月などにきものを着たことがあるでしょうが、パンツはいつもどおり、はいていたことでしょう。

おかあさんは、きもののときはパンツはかないのよ、なんて、きっとおっしゃらなかったと思います。おかあさんの世代にとっても、きものを着ることなどめったになかったのですから、おかあさんたちも、いつもと同じ下着をつけたまま、きものも着ていたはず。

きものは慣れていないことが多くて、たいへんですよね。歩きにくいし、帯も苦しいし、そして、トイレに行くのも一苦労だったでしょう。きものを着ていると、トイレでパンツを下げるのは、ほんとうにやりにくい。一度やってみるとわかりますが、パンツを下げようとすると、きものが着くずれそうになるものです。

きものを着るときは、パンツのような西洋下着をつけるわけもなく、「腰巻き」だけでしたから、トイレのときもさっとめくればよかったのです。きものとパンツはもともと併用しないものだから、なかなか不便なことになってしまう、というわけなのですね。

◆赤ちゃんのおむつはずし

わたしは「母子保健」という、おかあさんと赤ちゃんに関する研究をしています。赤ちゃんのおむつはずしにも関心があり、観察していて興味深いことに気づきました。赤ちゃんが歩きはじめて、おむつがもういらなくなるかな、というころ、おかあさんたちが「パンツをはかせると、おもらししやすい」と口をそろえて言うのです。

暑い夏の間におむつをはずそうと、思い切って「すっぽんぽん」にすると、子どもはちゃんと「おしっこ」をおしえてくれたり、自分でおまるに座っておしっこをしたりするのに、パンツをはかせると、「おしっこ」をおしえてくれなかったり、おもらししちゃったりするという。

おかあさんたちは、「このパンツの布が一枚あることで、なにか、感覚が鈍るみたいな気がします」とおっしゃいます。

研究者というのは、こういう、ほかの人にとってはどうでもいいようなことを、なんだかおもしろいなあ、と思って考え続けてしまうのです。

どうも、パンツの一枚の布が、赤ちゃんの排泄に関する感覚を邪魔しているみたい。なにもはいていないほうが、赤ちゃんの排泄に関する感覚を鋭くさせているみたい。

わたしたちはもう大きくなっているから、パンツをはいていてもちゃんと排泄の感覚がわかります。でも、こういう「お股にぺったりくっついている一枚の布」が、お股の感覚を鈍らせることが、あるのかもしれないなあ、と考えてしまうのです。わたしたちがもう三世代にわたって、「お股にぺったり布がくっついている」状態のパンツをはき続けているということは、「なにか」に鈍感になってしまっているのではないかなあ、と。

◆たった一枚の布でも

お股は、排泄にも、愛しあうことにも、赤ちゃんを産むことにも、とても大切なところです（1章の「お股を大切に」で、すでに申し上げました）。感覚は、鈍くないほうがいいんです、きっと。そして、股にぴったりくっついている下着は、そういう感覚をひょっとしたら邪魔するものかもしれない、と思ってみてください。この一枚のパンツで、わたしはなにか失っているものがあるのかもしれない、と。いや、大げさな話ですね。

そうは言ってもですね、いまや、かわいくてファッショナブルなパンティはおしゃれの一部ですから、あなたはかわいい下着をほしいでしょう。かっこいいワンピースも、スカートも、ジーンズも、下着をつけていることが前提になっている服装ですし、あなたの生活からパンツが消えることはありません。学校に行ったり外出したりするときにパンツはいてない、なんて、それこそありえないこと。毎日ちゃんとはいていただくべきもので、毎日お洗濯していただくべきものです。

でも、たとえば、寝るときとか、ときどきパンツをはいていなくてもいいときも、あるんじゃないでしょうか。

アイルランド人の友達は、おばあちゃんから「寝るときにはパンツをはいてはダメよ、体に悪いから」と言われて育てられたそうです。そんなことしちゃダメ、とおかあさんに言われるかもしれないけれど、「人間はもともと、パンツははいていなかった」、「一枚の布がなにか感覚を鈍らせているかもしれない」ということは、ちょっと頭の片隅においてみてほしいな、と思います。

胸が張る

◆伸び縮みするところ

「体の中で、なにかあったら、普段の大きさより、大きくなるところってどこですか。いちばん大きくなるところはどこだと思いますか」

お医者さんや看護師さんを養成するような大学の講義で先生からこういう質問をされると、学生たちは、みんなちょっとくすっと笑ってしまうと言います。若いあなたもちょっと、笑ってしまうのではないかな。みんな、だいたい、まず想像することはだいたい同じなんですよ。くすっと笑ってしまう。

しかし、いいえ、からだの中で普段の大きさよりいちばん大きくなるところは、ペニスではありません。残念でした。それは子宮です。

「毎月生まれ変わる」の項でも書きましたが、子宮はあなたのおなかの下のほう、恥骨という骨の奥くらいにあって、ちょうど冷蔵庫にあるたまごよりちょっと小さいくらいの大きさです。そこで赤ちゃんが育つのですけれど、赤ちゃんが育って、生まれるころになると、子宮は小さなたまごの大きさの一〇〇倍くらいになっている、と言います。一〇〇倍。すごい大きさですね。

一〇〇倍くらいになった子宮は、とき満ちて赤ちゃんがおなかから出ようとするとき、しっかりと収縮を繰り返して、赤ちゃんの旅立ちを助けます。そして赤ちゃんが出てしまった後は、もとの大きさに戻っていくのです。

手に取ったりさわったりできるもので、ちょっと想像してもらってもいいかもしれません。ゴムをぎゅーっと伸ばすとか、小さなものを広げる、とか。なにかを一〇〇倍に伸ばすことってそんなに簡単じゃないし、広がったものをまた、もとの大きさに戻すことは、もっとたいへんなこと。それが古今東西、世界中の女の人のからだの中で、太古の昔から行われていること。そしてひとりの女の人のからだで、それが何回もくりかえされるなんて、ほんとうにおどろくべきことですね。

生まれた赤ちゃんは、小さくてふにゃふにゃしていてなにもわかっていない、と思うかもしれません。でも赤ちゃんには、生まれたときから、生き延びるための力がいろいろ備わっています。

生まれたばかりの赤ちゃんを、あおむけのおかあさんのおなかにそっとのせると、赤ちゃんは自分でおかあさんのおなかをずるずると進んでいっておかあさんのおっぱいまでたどりつき、自分でおっぱいをくわえて吸いはじめます。そういう映像をスウェーデンの方が撮っておられて、それを見たわたしたちはみな、びっくりしたものですが、赤ちゃんにはそういう力があるのですね。赤ちゃんには、生まれてすぐ、おかあさんのおっぱいにたどりつき、また、おっぱいがそばにあると、ちゃんと自分で吸う力があるのです。

◆赤ちゃんと子宮

この、「出産直後におっぱいを吸わせる」ことで、一〇〇倍の大きさになった子宮がよりよく収縮していきます。

大きくなった子宮は赤ちゃんが出て行ったあと、もとの大きさに戻らなければなりません。そこで、赤ちゃんにおっぱいを吸ってもらうと、ホルモンのはたらきで子宮の収縮がよくなるのです。

大きくなった子宮から出て行った赤ちゃん自身が、自分の食べものを得るためにおっぱいを吸う。その行為自体が、大きくなった子宮がもとの大きさに戻ることを助けているなんて、人間のからだはうまくできていますよね。

生まれたばかりの赤ちゃんはいっしょうけんめいおっぱいに吸いつきますが、最初から、母乳がざあざあ出るわけではありません。はじめのうちはほとんどなにも出ないのです。それでも赤ちゃんが吸い続けていると、どろっとした少し黄色い、濃いおっぱいが出てきます。

これは初乳、と呼ばれます。初乳の中には免疫成分、と呼ばれる、いろいろな病気から赤ちゃんをまもる成分がたくさんふくまれていると言います。ですから、この初乳を赤ちゃんに飲んでもらうこと自体も、あなたのからだから、赤ちゃんへの大きな贈りもの、と言えるのですね。生まれたばかりの赤ちゃんが、この世界でより健康に生きていけるように、というあなたの願いを乗せた、贈りもの。

おっぱいも別に時間を決めず、赤ちゃんがほしがるときに与えていると、自然に母乳によって、赤ちゃんが育つようになっています。そうしてずっと赤ちゃんにおっぱいを吸い続けてもらうことが、子宮の戻りを助けている。くりかえしますが、ほんとうにからだはよくできています。

◆おっぱいと子宮

初乳の時期が終わって、さらさらしていて、白くてちょっと透明な感じのおっぱいがどんどん出るようになると、あなたと赤ちゃんの「おっぱい関係」は、いい感じで回っていくようになります。

あなたのおっぱいには、いつも母乳がたくわえられているわけではありません。赤ちゃんのおなかが空くころになると、あるいは赤ちゃんが、おっぱいほしいよ、と、ちょっとむずかったりして、おっぱいに吸いつくと、あなたの乳房は母乳をその場でさっとつくります。

それはどういう感じかというと、「胸が張る」感じ。

あなたのおっぱいは、いまはふにゃふにゃとやわらかいですよね。おっぱいが大きい人も小さい人もいるかと思いますが、大きくても小さくても赤ちゃんが生まれると、ちゃんと母乳が出ますから、心配ありません。

とにかく、おっぱいが小さくても大きくても、母乳がつくられるような状態になると、おっぱいはぐっとかたい感じになります。これを「胸が張る」と、呼んでいます。

つまりですね、赤ちゃんにおっぱいを吸われると、刺激されておっぱいは張ります。そして母乳がつくられ、赤ちゃんに届けられる。それと同時に、子宮が収縮して、もとの大きさに戻ることが助けられていくのです。「おっぱいが張る」と「子宮が収縮する」ということに関連がある。そのことを、覚えておいてくださいね。

◆幸せは用意されている

赤ちゃんにおっぱいをあげることは、この上もなく幸せな経験です。

ぐっと張ってかたくなったおっぱいは、赤ちゃんが吸ってくれることで母乳が出ますので、またふにゃふにゃのおっぱいに戻ります。いっぱいになった乳房が赤ちゃんに吸ってもらうことで空になっていく感じは、ちょっと変な言い方だけど、おしっこしてすっきりした、うんちしてすっきりした、ということとちょっと似ています。それよりもっと、うーんと気持ちいい感じ。

それもそのはず、このおっぱいが張ったり、母乳がぴゅーっと出たり、子宮が収縮したりすることには「オキシトシン」というホルモンが関係していて、そのホルモンは「幸せホルモン」なんて呼ばれることがあるくらい、「出るとハッピー」な気持ちになるものなのですよ。わたしたちのからだには、たくさん幸せになるきっかけが用意されているのです。

子宮は赤ちゃんを押し出すときにも収縮しますが、赤ちゃんをつくるときにも収縮することがあります。

精子が卵子のもとに届きやすいように、子宮が収縮して、いわば、受精を助ける、とでも言いましょうか。これまた、うまくできているものなのです。それは妊娠するときだけではなくて、普段のセックスでも起こります。

若いあなたはこれから男性とも愛しあうようになるでしょう。男性と愛しあい、すばらしい夜をともにすごして、次の日の昼間になんとなく胸が張る、ということを経験する女性は少なくありません。そのときには、「子宮の収縮」と「胸が張ること」は関係あるんだったな、と、思い出してみてくださいね。

人は何度恋をする？

◆恋はいつからできるの？

好きな人はいますか。

いる人はすてきですねえ。恋をするって人生でいちばん楽しいこと。したことない人は、これからするかもしれない。楽しいですよ。人生で起こるいちばんすばらしいこと、と言えます。

「わたしは恋をしたことがあるのかどうかわからない」っていう言い方はありえない。人は恋をしたかどうか、恋をしたことがある人はみんなわかります。

ある日、あるときから、ある人が突然自分にとって特別な人になる。朝起きるとその人のことを考えている。夜眠る前にもその人のことを考えている。頭から追い出そうと思っても、どうしても追い出すことができない。

その人のことを考えると胸がどきどきする。その人に会いたい、その人の好きなものを知りたい、その人にふれたい、その人にふれられたい、その人を抱きしめたい、その人に抱きしめられたい。切ない、甘い、思いです。

いまは、小学校低学年でも男の子と女の子がお付き合いしたりするそうです。

それくらいの年齢で、誰かを「好き」ということはあるかもしれないけれど、やはり、恋は、はじめての生理がくる前後、体が「生殖期」に入ってから起こる感情、誰かと一体になりたい、という狂おしい感情だと思います。

◆ひいおばあちゃん世代の恋

八〇代の女性と話しました。若いあなたにとって、八〇代の女性ってどんなふうにうつるだろう。おばあちゃんより、もっと年上。ひいおばあちゃんの年齢ですね。

あなたにとっては、ひいおばあちゃん、としてあなたの前に存在する、もう何年かたつとこの世からいなくなってしまいそうなお年寄りの女性、としかイメージできないかもしれません。

でも、そんな年齢の方にも、あなたのような若い女の子の時代がありました。みずみずしい娘時代があり、母親として、妻として、はたらく女性として、とても忙しい時代があり、いろいろなフェーズを経て、いま八〇代の「おばあちゃん」なのです。

そんな方の話をうかがいました。いまもほんとうにお元気で、生き生きと話をしてくださるのです。英語の先生をしておられた人だから、とてもモダンで、いろいろなことに興味があって、若々しい。

その八〇代の女性、「恋をした人は四人、一緒に寝たのはそのうち三人。多いと思う？」と言います。


はじめての恋は、女学校に行っていたとき。

東京からきた若い理科の先生で、黒ぶちの眼鏡がよく似合ってね、テニス部の顧問だったのよ。

テニスと言っても、いまみんながやっているような、錦織選手がやってるような、ウィンブルドンとかでやっているような、ああいうテニスじゃないわよ。軟式テニス。

ゴムまりを打つの。

え？　いまでもあるって？

そうなのね。

女学校に来る若い男の先生だから、わたしだけじゃなくて同級生はけっこう彼にあこがれていたわよ。

でも、わたしはこの先生がわたしのことを好きなのは知っていたの。

テニスコートに引く白線のために石灰を水で溶いているとき、遠くにいた先生はわたしのことをじっと見つめていた。わたしは水くみ場から目を上げて、先生の視線を受け止めました。

赴任されて一年もたたないうちに、この先生は出征してしまわれたの。

出征する前の日、先生に会いに理科室に行ったわたしの手を先生は握って、

「あなたはどうか幸せになってほしい」

とおっしゃった。

わたしは「先生、わたしは先生が好きです」と言ったら、「僕も好きです。でも僕はもう帰ってこないと思います」って。

それから二度と会えなかった。フィリピンで亡くなった、と聞いています。

それがはじめて好きになった人。


二人目に好きになった人で、はじめて一緒に寝た人が、ひとり目の主人です。

あら、逆かしら。はじめて一緒に寝た人が主人で、その人のことを好きになりました、かな。親戚のおばさんが持ってきた縁談で、見合いだった。わたしは教師になったばかり、二二歳でした。穏やかな人でね、結婚して毎晩一緒に寝ているうちに、わたしは主人のことを大好きになりました。

二人目の子どもがおなかにいるときに、結核で死にました。

だんだん衰弱していってね。かわいそうだった。家に帰りたい帰りたい、と言いながら結核療養所で亡くなりました。

わたしは二六歳で二人の子持ちの未亡人になったの。


三人目に好きになった人に会ったのは、二四歳のときでした。

英語教員の研修会で会ったのね。

神戸からきていた人で、研修会の授業のとき隣に座っていた。

わたしたちはおたがいをとてもいいなと思ったの。たくさんの話をしました。

その人も結婚していて、わたしたちはおたがいの結婚の話も子どもの話もしました。

二日間の研修が終わったとき、その人はわたしの瞳をのぞきこんで「僕に濃厚な恋文を書いてくれませんか」と言ったの。

いまも覚えているわ。それはとても唐突だったけど、わたしはうなずいた。そして、わたしは濃厚な恋文を書いた。

それっきり。

返事もきませんでした。

おたがい結婚していたし、だいたい、東京と神戸は遠すぎるのよ。

四人目に好きになった人が二人目の主人。

下の子が七歳のとき、お互いの知り合いに紹介されて結婚しました。

奥さんと別れて子どものいない人だった。わたしとの間にも子どもはできませんでした。

この人とも仲よく暮らしたけど、六二歳で、膵臓癌《すいぞうがん》であっという間に死んでしまったのよ。具合が悪くなって三週間くらいで、ほんとうにあっという間になくなってしまった。

わたしは六〇歳で、また、未亡人よ。

三人目に一緒に寝た人はね、六〇代になってからの恋人なの。

わたしが二人目に好きになった、とさっき言った人。

二〇代のとき研修会で会った人ね。この人に再会したの。

人生で誰がいちばん好きだったか、と言われると、この人がいちばん好きね。一緒に暮らした夫二人よりもこの人が好き。

愛人、と言ったほうがいいかな、だってその人は奥さんも子どももある人だったから。

いわゆるいまよく世の中で言う不倫、よね。よくないわよねえ。奥さんのある人と付き合うなんてね。

わたしは付き合いたくなかったの。でもね、二〇代のとき、たった二日会っただけなのに、わたしはこの人が好きだ、と思った。

そしてこの人は、わたしに「濃厚な恋文を書いてください」と言ったでしょう。

わたしは手紙を書いたけど、返事もなくて、ずっと連絡もなかった。その人が、わたしが六二になった年、訪ねてきたのよ。英語教員を退職する前、教育関係の雑誌にわたしが載ったことがあって、わたしの所属先がわかって、連絡をしてきたの。

「一度しか言いません」、とその人は言いました。

「はじめて会ったときから、ずっと好きです。あなたは僕にとってほんとうに大切な人なんだ。あなたの書いてくれた手紙をずっと持っていた。どうしたらあなたともう一度会えるか、ずっと考えていた。三八年前からずっと、いまも、そしてこれからもあなたのことを愛しています」と。

三八年越しの愛の言葉にわたしはすっかりぼおっとしてしまって、その人と会えば一緒に寝るようになりました。

この愛の告白をしたとき、彼は六三歳よ。

◆あなたにも物語が

わたしは八〇代の彼女に聞きました。「それで、どうなったんですか」って。六〇代にできた愛人だか、恋人だか、との間は……。

その人はいたずらっぽく笑って、「いまも恋人同士よ」と言うのです。その人の奥さんはどうなったんですか、ってわたしはちょっと聞けなかった。

六〇代に愛しはじめた恋人と、二〇年以上恋人同士でいられるってどういうことなのかしら。五〇代のわたしには、まだちょっとわかりません。

生殖期、つまりは生理があって子どもを産める時期は終わるけど、いくつになっても恋はできる。

すべての女性はそれぞれに語るべきストーリーを持っている。

女としての人生をはじめたばかりのあなた、年を重ねていくことを楽しみにしていてください。

4章

からだを信頼すること

やわらかいからだ

◆生きているから、あたたかい

いま、あなたは生きている。

生きているってどういうことでしょう。

話ができること、笑えること、相手にまなざしを向けられること、誰かを好きになれること、誰かを嫌いになれること、喜ぶこと、悲しむこと、悩むこと、生きているってそういうことかな。

人生を五〇年とか六〇年とか生きてくると、周囲で訃報《ふほう》を聞くことが増えてきます。

誰かが「亡くなりました」という知らせです。

わたしはいま六〇歳になるちょっと前。誰かが突然亡くなる、というニュースが入ってくることが珍しくなくなってきました。

一昨日、一日を一緒に親しくすごしていた方が二日後には亡くなった、とか、せっかく四〇年ぶりに再会できたのに、二度会う前に、突然亡くなった、とか。

もちろんもっと若いころにも突然の友人の死に衝撃を受けたことはあります。あなたも若い方だと思いますが、突然親しい方を亡くす、という厳しい経験を、もう何度かなさっているかもしれないですね。ほんとうにつらいものです。

それが人生六〇年くらいになってくると、そういった知らせを聞く頻度が比べものにならないくらい上がっていくのです。

長く生きていく、ということは、周囲の死に向きあうことでもあります。八〇歳くらいになると、友人がどんどんいなくなっていく、とうかがいます。想像がつきます。

誰か近しい人の死に出合い、死んだ方のかたわらにいたり、死んだ人にふれたりしたことがあればご存知だと思いますが、死とは、冷たいものです。

心や感情の問題ではない、物理的に「冷たい」のです。

この世の中にこれほど「冷え冷え」としたものがあるのかな、と思うほどに「冷たい」。

死とは、冷たくなること、生きているとは、あたたかなからだがある、ということです。

死んだ人が大好きな人だったら、寄り添ったり頬を寄せたり抱きしめようとすることもあるのだけれど、冷たいからだはあたたかくならない。あたたかいのは、わたしたちのからだだけです。

◆生きているから、やわらかい

あなたのからだはあたたかいだけじゃなくて、やわらかいですよね。ふれると気持ちいいのはあたたかいだけじゃなくて、やわらかいから。死ぬと、このやわらかかったからだがかたくなります。

死ぬというのは、やわらかかったからだが少しずつかたくなってしまうこと。赤ちゃんのときはほんとうにやわらかくてふわふわしていたからだが、大人になるにつれ、かたくなっていくのは、文字どおり少しずつ死に向かっている、と言えなくもない。かたくなっていくからだを少しずつでもさすってゆるめたり、体操をしてほぐしていったり、お風呂につかってやわらかくしようとすることは、生きている間のからだは、できるだけやわらかいほうが快適だ、ということをみんな知っているからです。

わたしたち、生きている人間のからだがやわらかいのならば、あたたかくてやわらかいからだはまわりにいる大好きな人たちと、そのあたたかさを確かめあいたい。やわらかさをわかちあいたい。そこにあるあたたかでやわらかなからだを、自分のあたたかでやわらかなからだでふれていたい、抱きしめていたい、というのが、人間の最も根源的な欲望のひとつである、と思います。

いつか死が訪れるとしても、いま、このからだがあるうちは、このからだを使って、愛する人と、できうるかぎりこのあたたかさとやわらかさを、わかちあいたい。

それが性欲、というものです。

◆恋人のはじまり

大好きな人とはちょっと手がふれるだけでどきっとする。

大好きな人の手はどんなかたちをしているでしょう。ごつごつしているかな、すべすべしているかな。指は細いかしら、節がしっかりしているかしら。

手と手のふれあいは肌が直接ふれるから、まずそのあたたかさとやわらかさを感じることとができる。

手をつなぐ、というのが、恋人同士になったらまずやりたいことであるのも、「手」が、からだでいちばん、むき出しの皮膚としてさわりやすいところにあるからです。

ぎゅっと抱きしめて、抱きしめられたら、そしてずーっとそうしていたら、服の上からでも、相手のあたたかさがだんだんと伝わってくる。とくに風の冷たさを感じはじめる秋口や、外に雪が舞うような冬に、大好きな人と服を着たままでもしっかり抱きあって、相手の体を感じることの幸せは、なにものにも代えがたいものです。

ましてや、服を脱いで肌と肌がふれあうように抱きしめあうことのすばらしさを、あなたは想像できるでしょうか。

人間のからだには、他の多くの陸上哺乳動物が携えているような「毛皮」がありません。毛に邪魔されることなく（動物の研究者によると、「毛」もそれなりに気持ちのよいものだそうですが）、皮膚が直接ふれあう。

手だけ握っていても十分にうれしいのだけれど、からだになにもつけずに肌と肌でふれあうことで、相手と体温やにおいをわかちあう。

それは、いま、生きているという喜びをからだで感じる瞬間です。

この世の中に生まれてきたあなたに、なによりの贈りもののような経験になるでしょう。

◆つながる喜び

皮膚は、わたしたちの内面と外を分かつ境界のようなもの。この境界を通してでも、もちろんあたたかさとやわらかさを十分に感じることができて、わたしたちは幸せになれます。

しかし、わたしたちのからだには、自らの内側に直接つながる部分があります。からだにあいている「穴」の部分はすべて、自分の内側とつながっているのです。どこに穴があるかしら。いろいろありますよね。

口、鼻の穴、耳の穴、目、もそうかな。おしっこの穴、うんちの穴、赤ちゃんが出てくる穴。すべての穴は、あなたの内部とつながっている。

その穴の多くは「粘膜《ねんまく》」で、まさに、自分の内側がそのまま感じられるようなところです。内側と外側の境界の皮膚がふれあうことも気持ちがよいけれど、境界のない粘膜、がふれると、それはもうあなたの内側が相手と一緒になるようなものですから、それはそれはうっとりする経験なのですね。

キス、ってロマンチックですよね。

とりわけ口と口のキスが恋人たちの象徴として映画でも、絵画でも、マンガでも、小説でも登場するのは、そういうこと。

あたたかさとやわらかさは粘膜で一層つよく感じられるので、生きている喜び、おたがいが生きているという実感を増幅させてくれるのです。

セックス、とは、そういうおたがいのあたたかさとやわらかさをわかちあうために人間がやることの、最もすてきな行為のひとつ。

人間が自分の世代だけで終わらないで、次の世代につなげるためにやっている行動は、このからだのあたたかさとやわらかさをわかちあう、限りない喜びに満たされているのです。

さて、女のからだはやわらかくてあたたかい。

男のからだもあたたかいけれど、女のからだはもっともっとやわらかくて、あたたかい。

あなたのからだは大切にされ、愛されるべきものです。

女の子であるあなたのからだは、女性ホルモンの働きで、大人になるにつれ、どんどん女らしく、女としてやわらかなからだになってもゆきます。

どうか、急ぐことなく、あなたがあなたの大好きな人にあなたのやわらかくあたたかなからだを愛される日がくること、そしてあなたもそのやわらかなからだで愛する人を抱きしめる日がくること、を楽しみにしていてください。

セックスを通じてうつる病気

◆「性感染症」ってなに？

「性感染症」という言葉、聞いたことがありますか。

なに、それ？　と思うかもしれません。

性感染症。英語でSTDs、Sexually Transmitted DiseasesとかSTIs, Sexually Transmitted Infectionsとか言います。

英語を習ってない人、嫌いな人、この辺の英語は忘れてもかまいません。とにかくですね、「セックスすることによってうつる病気」のことです。

セックスは誰とでもしてもいいのか、とか、子どもはどうやったらできるのか、とか、この本ではすでにいろいろ書いてきました。

あたたかなからだを重ねあい、愛を交わしあうセックスは大人の人生に起こるほんとうにすてきなこと。楽しみにしていてください。

楽しいことなので、ちょっとこわい情報を提供するのは若干ためらいますが、やっぱり「セックスを通じてうつる病気」のことはお知らせしておいたほうがいいでしょう。

あなたも学校でエイズの話など、聞いているかもしれないですね。コンドームを使いさい、とおしえられているかと思います。

セックスを通じてうつる病気は、その昔「性病」と呼ばれ、それはそれは恐れられていたものです。

からだのあちこちに腫瘍《しゅよう》ができてかたちがくずれていったり、脳を患《わずら》って亡くなったりしてしまう梅毒という病気や、おちんちんから膿《うみ》が出る淋病という病気は、一九四〇年代あたりまで、つまりはあなたのひいおじいちゃんとかひいおばあちゃんの時代くらいまでは、とてもこわい病気と思われていました。

ところが、抗生物質という、細菌を抑えるよい薬がたくさん開発されるようになり、梅毒も淋病も治る病気になりましたから、一九六〇年代あたりには誰もこわがる病気ではなくなってきました。

もちろん、これらの病気はなくなったわけじゃなくて、いまもあるのですけれど、病気になっても治るから、こわがられなくなった、ということです。

◆結婚前のセックス

だから一九六〇年代から七〇年代、そして八〇年代のはじめくらいまで、つまりはだいたいあなたのおじいちゃんおばあちゃんが若者だったころには、「こわがられるような、セックスでうつる病気が薬で治る時代」になっていた、と言えます。

考えようによっては、人類にとって、とっても楽しい数十年だった、と言えるかもしれない。

いろいろな人と愛を交わしてみたい、複数の人とセックスを体験してみたい、というのは、けっこう根源的な人間の欲望とも言えますが、「こわい性病」があるころは、「知らない人とセックスしたら病気がうつるかもしれない」わけですから、そんなに思い切った行動に出ない人も多かったと思われます。

ところが、先ほど紹介したようなよい薬ができて、性病の代表と言われていた梅毒と淋病が治るようになったら、こわいものがありませんから、人間の性行動は世界的に、けっこうオープンになりました。

「誰とでも寝ていいの?」(2章)で書いたように、フリーセックスなどという言葉が出てきたのもこのころでしたし、日本で、「同棲」とか結婚する前にセックスする、みたいなことが珍しくなくなってきたのもこのころでした。

最近でも、若い男女が結婚する前に一緒に住む、ということをよく聞くようになりましたし、親もそれを別にかまわないと思っているようです。

こんな感じになってきたのは、一九七〇年代以降なんですね。セックスのことに限らず、「団塊の世代」と呼ばれている人たちは、それまでの人たちと比べると、ずいぶん自由な若者時代をすごしてきた人たちと言えます。性行動が変化した時期とも言えるでしょう。

◆エイズってなに?

ところが性病が全部治る病気になった、というような〝楽しい〟時代は、そんなに長く続きませんでした。

一九八〇年代も半ばをすぎると、あなたも知っているエイズが性感染症としてよく知られるようになってきます。

エイズという病気を起こすＨＩＶウィルスは、精液、膣粘膜液《ちつねんまくえき》、血液のどれかひとつずつ、あるいは二つ、あるいは三つの濃厚なコンタクトによって感染します。

これ以外のコンタクトでは感染に至りませんから、たとえば、手を握ったり、キスしたり、食器を一緒に使ったりしても感染しません。

精液と膣粘膜液が濃厚にコンタクトする行為や、注射針の使い回し、などでＨＩＶウィルスは感染します。だから、セックスを通じて感染する可能性があるのです。

エイズという病気は、からだをまもり体を治すその人自身の免疫システム自体を壊してしまうので、いったん発症したら、命に関わります。

しかし、ＨＩＶウィルスに感染したら、すぐにエイズを発症するのか、というとそういうことではなくて、病気の症状が出ない「潜伏期」というのが六カ月以上、何十年もあったりします。発症すると死に至りますが、ウィルスに感染していても、なにも病気の症状がない時期も長い、ということです。

一九六〇年代から数十年、こわい性病がなかった時代も終わりを告げ、八〇年代後半から、世界はまた、「死に至るような性感染症」をこわい、と思う時代をむかえることになりました。

この時期、エイズを発症して、クイーンのフレディ・マーキュリー（ロックが好きな大人に聞いてみましょう）、ジョルジュ・ドン（バレエが好きな大人に聞いてみましょう）など多くの著名人をふくむ方々が亡くなりました。

◆あなたに気をつけてほしいこと

そこから約一五年たった一九九六年のこと。いま世の中で「エイズ治療薬」と呼ばれている薬が発表されました。

新薬、というわけではなく、いままであった薬をいくつか組み合わせて「ＨＩＶウィルスに感染しているけれどもエイズの発症を抑えられる」ような薬が発表されたのです。

それから約二〇年、世界中でこの薬が改良されて、いまやエイズも、適切に治療を受けて薬を飲めば、ウィルスに感染していても発病は避けられる病気となってきました。

でもこれは、「自分がウィルスに感染している」ということを知らないと、治療を受けられません。

感染してもまったく症状がない期間が長い、と申し上げました。症状がなくても「自分はウィルスに感染しているかもしれない」と思って検査しないと、治療をはじめられないのです。

ちなみにこの検査は、日本中の保健所で、匿名《とくめい》で検査をしてくれることになっているので、「必要だと思うときには保健所に行く」、ということを覚えておいてください。

こういう話になると、理屈っぽいですね。

それでも、セックスというすばらしい行為と、この性感染症の話は、どうしても表裏になってしまいます。

命に関わるような病気ではなくても、クラミジアとか、トリコモナスとか、おりものに色がついたり、性器がかゆかったりして気がつくものもあります。総じて、治療法はいま、あるのですが、なかなかしんどいものです。

どうすれば、エイズをはじめとする現代の性感染症を予防できるのか。

このことについて世界中の公衆衛生関係者が知恵を絞ってきたこの数十年でした。その結果、若い人たちに言えるのは、「性感染症にかかりたくなければ、セックスするときコンドームを使いましょう」、ということに尽きます。「なるべくセックスしないようにしましょう」（英語でAbstinenceと言います）とか、「ひとりだけのパートナーとセックスしましょう」（英語でBe faithfulと言います）とかいうキャンペーンが「保守的」と言われるグループから提案されて、コンドーム（Condom）使用と合わせてＡＢＣキャンペーンなどと呼ばれたこともありました。その評判は、概して悪かったですね。abstinenceとかfaithfulであることは、なかなかむずかしいのが人間です。いったん手に入れた自由を手放すのも、またむずかしいことだったりします。

聡明なあなたには、こういうこともある、ということをぜひ知っておいてほしいのです。そして、学びながら、女性のからだの「愛する力」、「愛される力」について、大いに楽しみにしていていただきたい、と思います。

冷えないように

◆毛糸のパンツ

「そんなことしていたら冷えるよ」、「おなかをあたためなさい」、「冷えないようにしなさい」。

あなたはそんなふうに、おかあさんやまわりの大人の女の人から言われたことがあるでしょうか。

あまり、ないかもしれない。

わたしのように、いまとなってはもうあなたのおばあちゃんくらいの年代の女の人は、小さいころ、そしてあなたくらいのころ、ほんとうにしょっちゅう「冷やしてはいけないよ」と、言われていたものです。

どこを冷やしてはいけないのか、というと、それは、いつもおなかでした。おなかを冷やしてはいけない。それをずっと言われていた。足も冷えないように、と言われていたけれど、まずおなかでした。

小さい女の子のころは、「毛糸のパンツ」をはきなさい、と言われたものです。なんかちょっとかっこ悪いし、もこもこするし、寒いときでも毛糸のパンツをはくのを抵抗した記憶も、わたしたちの年代の女性にはあるように思います。

「腹巻きをしなさい」ということもよく言われました。短いスカートやショートパンツをはくと、「冷える、冷える」とまわりの年上の女の人たちはほんとうに口うるさく言ったものです。

◆きものは冷えにくい

思えば、日本の伝統衣装である「きもの」を着ていると、おなかまわりは冷えにくいような構造になっています。

わたしは日常的にきものを着るようになって十数年たちます。四〇代の半ばくらいから、ほぼ毎日きものを着るようになりました。いまの日本ではちょっと変わっています。みんなそんなにきものを着ませんから。

あなたも、きものはきつくて動きにくくて、おしゃれにはいいけど、実用的じゃない、と思っているかもしれないですね。でもこの国では、ほんの二世代くらい前まで、みんな日常的にきものを着ていたのですから、それほど不便なだけの衣装ではない、と思います。ずっときものを着るようになってみて、しみじみと思うことのひとつは、おなかがあたたかくて、いいなあ、ということです。

腰巻き、という下着をつけて、長襦袢《ながじゅばん》という、これまたきもの用の下着をつけて、きものを着て、帯を巻いて……というふうにきものを着ていくと、おなかのまわりはしっかりまもられてあたたかくなります。

とても寒いときは、もちろん、おなかがあたたかいのはとてもありがたい。そして、春や秋などちょっと暑いのか寒いのかわからなかったり、朝晩の寒暖差が大きかったり日によって寒かったり暑かったりするころにも、きものを着ているとおなかまわりがしっかりあたためられていて、発汗する脇や襟元《えりもと》や裾《すそ》が外に開いているので、さわやかです。夏は、たしかに暑いのですが、それでもエアコンがすごく効いている建物も多いいま、夏のきものを着ているとおなかまわりだけは冷えないので、とても快適です。

◆科学的じゃない？

こうやっていつもきものを着ていると、洋服を着たときに、おなかまわりがとてもすかすかして、頼りなく感じるのです。寒いときは、何枚洋服を着ても、おなかまわりがなにか足りないような気がして、寒い。

逆に言うとおなかまわりがとてもあたたかいと、たしかに体は冷えにくいのです。わたしたちの世代のおばあちゃんたちの時代には、みんなきものを着ていたわけですから、洋服に変わっていった次の世代には、毛糸のパンツをはかせたり、腹巻きをさせたりして、おなかまわりが冷えないように上の世代がうるさく言っていたのかもしれません。

からだが「冷える」ということは、医学的にはうまく説明できないようですから、病院のお医者さんに「腹巻きをしなさい」なんて言われることはありません。

そういう意味では、「冷える」って科学的じゃないんじゃないかな、なんてあなたは思うかもしれない。いまはうるさく言われることもないし、おなかまわりが別に冷えても大丈夫じゃないかな、って思うかもしれない。でも、からだに関することは、科学的によくわかっていることもあるけれど、そんなによくわかっていないことも、まだまだたくさんあるのです。

科学的によくわかっていないけれども、昔の人がずっと大切だ、と言ってきたことには、理由があることも少なくない。それに、いわゆる病院で提供されている西洋医学じゃなくて、漢方に代表されるような伝統医療では、重要とされていることもいろいろあります。この、女の子は冷えないようにしましょう、ということもそのひとつなんですね。

◆生理がつらいとき

たとえば、生理が毎月あまり定期的じゃないな、とか、なんだか生理がつらいな、と思うとき、お医者さんに行くほどでもないよな、というときには、おなかをあたためてみると、調子がよくなることがあることがけっこうあります。

具体的にはどうするのかというと、最初に書いたように腹巻きをしてみること、などがやりやすいことかもしれません。最近は、かわいらしい腹巻きも売っていますから、気に入ったものを買って、おなかをあたたかくしてみます。

夜寝るときに、湯たんぽを用意して、低温やけどをしないように気をつけながら、下腹をあたたかくするのもよいと思います。

生理だけじゃなくて、なんとなく体調が悪いな、というときも、おなかを湯たんぽであたためて寝ると、調子がよくなることもあります。

生理が毎月きちんときて、調子がよい、ということが、女の子の健康のひとつのバロメーターですから、それがうまくいかないときに、まずやるべきことは、あたためてみること。冷えているんじゃないか、と考えて、おなかをあたためてみて、それをしばらくやっても体調がよくならないときに、お医者さんに相談する、というのがよいように思います。

自分で自分のからだを観察してみて、今月の生理がちょっときつかったのは、おなかが冷えたからじゃないかな、と考えられるようになったら、大したものです。生理の様子と、からだをあたためることから、自分の体調を理解できるようになると、自分のからだへの興味関心が次々に高まってきます。

自分のからだですから、一生かけて、自分のからだを理解していく、ということが、健康に生きていく、ということなのではないか、とわたしは考えます。

◆靴下三枚、おなか一〇枚

この本でも出てくる助産師さんは、医療の専門職ではありますが、昔からの女性のからだの知恵についてよく知っておられる人でもあり、女性のからだのよい相談相手です。

彼女たちの中には、女性が妊娠すると、「おなかまわりは一〇枚くらいになるように服を着なさい」という人が少なくありません。靴下は三枚くらいはいて、おなかまわりは一〇枚。これって極端なことを言っているように聞こえますが、きものを着ていると自然におなかまわりは一〇枚くらいになるのです。

妊婦さんは「首」とつくところが冷えないほうがいい、と言う助産師さんも多くおられます。首、手首、足首、といったところを冷やさないようにするのです。そして、妊娠した女性がやったほうがよいことの多くは、妊娠していない女性にとっても、やるとよいことです。

あなたも、少し体調に不安があるときは、おなかをあたためたり、足首にレッグウォーマーをしたり、首まわりをあたためたりしてみては、どうでしょうか。

感情的に冷たい人より、人が一緒にいてうれしいと思える、あたたかい人、になりたいですよね。

からだをあたため、おなかをあたため、一緒にいるとほっこりするような、心のあたたかい女性になっていってくださいね。

避妊について

◆大人の事情

避妊、とは、妊娠しないように、避ける、ということです。

男と女が愛しあって、そして子どもができて、子どもが育って、子どもが生まれて……というプロセスは、そもそもおめでたいものですが、そうもいかない、子どもができるのは困る、という「大人の事情」が発生するときもある。

そういうときにどうするのか、ということが避妊の話、です。いや、「大人の事情」って、大人だったらいいのかもしれない。まだ世の中から「子ども」と思われている年齢のときに、「大人の事情」が発生するのが、問題あるのかもしれない。

それは、ともかく。わたしたち男と女は、たまらなく愛しあいたいけれど、その結果として子どもができるのは困る、という状況も発生することがあるのです。

どういうときがそういう状況かって……。それはもう、ある意味、人間の数だけ理由があると言ってもいい。

男と女は、ただ、愛しあいたい、求めあいたい、ってそういうことがあるわけですね。詳しいことはこれから一生かけて学んでいってください。とにかく、あるのです、子どもができたら困るけど、愛しあいたい、という場合が。

それは多くの場合、よきことです。そういうことが自分の人生に起こることは、人生で最もすてきなことのひとつ、です。

◆妊娠を避ける道具

どうしても愛しあいたいのだが、セックスしたいのだが、子どもができては困る、というときに、現在いちばん多く使われているものが、コンドーム、と呼ばれている避妊具でしょう。言わずと知れた、薄いゴム製のもので、男性のペニスにつけます。男性器と女性器をゴムというバリアで境目をつけ、直接ふれないようにするものですから、英語でバリア・メソッドとも呼ばれます。

男性器と女性器の粘膜同士が直接ふれないようにするものですから、エイズをはじめとする性感染症、と呼ばれる、セックスによってうつる病気の予防にも使われます。とっても大事なことですね。セックスすることで病気になりたくないですからね。

いま、世界中では、避妊具としてよりもむしろ、性感染症の予防のためによく知られ、使われているのが、コンドームです。持ってさえいれば、その場で使える避妊方法ですから、避妊具としてとても人気があるものになっています。

男性器と女性器の接触に「バリア」をつくるコンドームですから、女性側が使うようなコンドームもあっていいんじゃないか、とあなたは思うかもしれない。

実際に、女性用コンドームは開発されています。男性がペニスにかぶせるのが男性用コンドームですが、女性用コンドームは膣内《ちつない》に挿入するようになっています。一九九〇年代くらいから販売されるようになって、日本で手に入っていたこともあるのですが、いまは国内では製造も販売もしていないそうです。ですから現実に女性用コンドームをあなたが目にすることはあまりないと思います。

◆その他の方法

コンドームは避妊もできて性感染症の予防もできるのですが、はずれてしまったり、セックスの途中でつけたりすることにより、避妊の効果はあまり確実ではないところもありますから、どうしても妊娠したくない人には、別の方法をとることがすすめられます。

たとえば、ピルと呼ばれている経口避妊薬、つまり女性が錠剤で毎日飲むホルモン剤とか、お医者さんに行って子宮の中に装着してもらうＩＵＤ（Intrauterine Device）とか、ＩＵＳ（Intrauterine Contraceptive System）とかは、コンドームより避妊の効果はずっと高い、と言われているものです。

でもこれらの方法は、お医者さんに行ってアドバイスをもらって使うようにするものですから、ほんとうにひんぱんにセックスをするようになって、それでも子どもがほしくない、というときのもの、と覚えておいてください。どうしても子どもができたら困る、というときにはこういう避妊法もあるのです。

◆妊娠は奇跡でもある

一方、長い人生において、「どうしても子どもができたら困る」というのは、じつは、そんなに何度もあることではないかもしれない。

いろんな事情で、「子どもができたら困るな～」と思っていても、結局産んでしまって、元気に育って、関係性を変え、家族を変え、世界を変えていくこと、って歴史上、数え切れないくらい起こっているのです。

ほしくないと思うときに、「子どもができないように」することも大切です。けれども、子どもって、「ほしい」と思って、できそうなときにセックスしたら、「はい、できました」というような、そんなものでは決してないことも、歴史が物語っています。

昔の人が言っていたように、「子どもは授かりもの」。

現代医療をはじめ、すべての科学技術を動員しても、子どもができること、つまりは着床や妊娠や出産については、まだまだ、わからないことがたくさんあるのです。科学的にかならずうまくいくはずだ、と思っていても、予想どおりにいかないことも多い。

いろいろな事情もあるとはいえ、もし、妊娠したら、それはもう、奇跡のようなもの。

相手がどうであれ、どういう事情であれ、最終的にどうなれ、あなたのからだはみごとに機能しているということ。まずは、人智を超えた寿《ことほ》ぐべきこと、ということも、覚えていてほしいと思います。

◆「待つ」というオプション

これを読んでくださるのは、中学生のみなさんでしょうか。小学校高学年のみなさんでしょうか。それとも高校生くらいでしょうか。

みなさんのような、いまの世の中でまだ「大人」とみなされていない人が、男と女として、子どもができないようにさえすれば、セックスしてもよいのでしょうか。分別ある大人なら、小学生や中学生には、セックスすることはできても、まあ、やめておいたほうがよい、と言うでしょう。

高校生くらいになったら、女性は一六歳で結婚できるくらいですから（女性も結婚は一八歳から、と法律が変わるかもしれませんが）、年齢的には、子どもと言えないところもあります。けれども、親や、保護者がいるような状況で、避妊さえすれば、好きなようにセックスしてもよいのか、と問われると、簡単に、はいどうぞ、みなさんやってもいいんですよ、とは言えません。

一〇代のみなさんが、命をかけるような恋をすることだってあるでしょう（シェークスピアの「ロミオとジュリエット」の、ジュリエットは一四歳、という設定ですから）。そういうことになったあなたにセックスをするな、と言っても、止められはしないのかもしれない。

しかし、もう少し大人になると、あなたがたには、誰にもなんにも言われることなく、いくらでもセックスしてよいような状況がやってきます。セックスは年をとってもできるのですから（方法はいろいろですが）、将来の楽しみとしてとっておいてもいい。

いまは、子どもができるのも困るし、セックスのことばかり考えているのも支障があるでしょうから、自分で「大人になったな」と思える年齢まで、セックスするのは「待つ」ことにする、というオプションもあるわけです。

それを英語で abstinence と言います。これはもともと「節制」という意味ですが、避妊やリプロダクティブヘルスの業界では、要するに「セックスしないようにしましょう」ということを意味します。

避妊法、あるいは性感染症予防策として、あまりに原始的かつ道徳的に聞こえるので、評判がわるかった時期もありました。でもやっぱり、まだ、「子ども」のあなたには、もうちょっと待って、人生はこれから長いから、と言いたいような気が、するのです。

人生は長い。ゆっくり、自分のこころと対話しながら、からだを愛おしんですごしてください。

からだを信頼すること

◆おとぎ話のようなホントの話

あなたはとても元気で、からだもどこも不都合がなくて、健康な人かもしれない。

あるいは、どこかちょっと具合がよくないところがある人かもしれない。でも、あなたがいま、どのような状態にあるにせよ、あなたがいま、そこに、からだを持って存在している、というだけで、あなたは完璧な存在です。

あなたが、いまのあなたであるだけで、それは奇跡のような完璧、のあらわれです。

あなたが生まれるずっとずっと前のこと。おかあさんのおなかの中の小さな「原始卵胞」という細胞のひとつが、あなたになる可能性があるものでした（1章の「奇跡のプロセス」も読んでみてくださいね）。

あなたになる可能性がある原始卵胞は、あなたのおかあさんが赤ちゃんのときから、あなたのおかあさんのおなかの中にありました。そしてそれは、あなたのおかあさんが赤ちゃんとして生まれたときに、おかあさんのおなかにできたのではなくて、あなたのおかあさんが生まれるずっと前から、そこにありました。

あなたのおかあさんが、あなたのおばあちゃんのおなかの中にいるころ、つまりはあなたのおかあさんが胎児としてあなたのおばあちゃんのおなかの中にいるとき、すでに、あなたになる可能性がある原始卵胞は、この世に存在していたのです。

おとぎ話のような話ですが、おばあちゃんのおなかの中にいて、そのころはまだ胎児だったあなたのおかあさんのおなかの中の小さな原始卵胞は、将来何十年もたったあとに、「あなた」という人になることを、ひっそり夢見てはいたかもしれないけれど、きっと想像もできていなかったに違いない。

もちろん、原始卵胞が夢を見るのか、想像するのか、と言われると、わかりませんけどね。だから、おとぎ話のような話なの。

◆「あなた」になる前の卵子のもと

ともあれ、あなたのおかあさんは、おばあちゃんのおなかから出てきて、おかあさんという人として誕生します。

あなたになる可能性のある原始卵胞は、おかあさんと一緒におかあさんの人生を歩んできた細胞のひとつ。

赤ちゃんだったおかあさんは大きくなり、子どもになり、あなたのような思春期の少女になりました。

生理がはじまるころになると、毎月、卵巣では一五個から二〇個くらいの原始卵胞が育ちはじめると言われています。そのうちのひとつが主席卵胞として、その月排卵される卵胞に決定される。つまり、原始卵胞は毎月一個だけではなく、毎月一五〜二〇個使われている、ということです。

あなたにもう生理があるとしたら、毎月、こうした原始卵胞が一五〜二〇個使われているのです。

けれども、あなたのような若い少女がいますぐ妊娠することはまずないでしょうから、それらの原始卵胞は、育って人間になることはありません。

でも、のちに、あなたになる原始卵胞は違いました。

その原始卵胞は、あなたのおかあさんがあなたのおとうさんになる人に出会ったころによく発育し、主席卵胞になって、おかあさんの卵巣から卵子として排卵されて、おとうさんたる人の精子と出会い、受精卵になり、おかあさんの子宮壁に着床して、しかるべき時間をそこですごして、あなたという人になり、赤ちゃんとして生まれてきたのです。

◆おかあさんの決断

おかあさんのおなかの中のひとつの原始卵胞が、「あなた」という人になる。

それは、ほんとうに人間の力ではどうにもならないくらいの天文学的な確率で、「運」としか言いようのないプロセスの連続だった、と思います。

そんなプロセスを経て、いまのあなたがある。

あなたになった原始卵胞が、あなたになる原始卵胞じゃなかったら、あなたは、いまのあなたではない。

ちょっとわかりにくいね。でも、そういうことです。

あなたは、だから、いまのあなたであるだけで、ただ、完璧な、この世界への贈りものです。この奇跡のプロセスの多くの部分は、あなたのおかあさんたる人の、意志と決断に、よってもいました。

いまのあなたの多くはおかあさんのことが大好きで仲よしだと思いますが、そうでない人もいるかもしれない。

おかあさんと仲よくないかもしれないし、実のおかあさんたる人と、会えない、ということになっているかもしれない。

しかし、確実なことは、あなたを産んでくれたおかあさんは、あなたがおなかにいることを気づき、それを愛《め》でてくれました。

おなかにいるあなたを「産まない」ようにしよう、という決断は、しませんでした。

◆なくしてしまうことのできないもの

「妊娠中絶」というのは、誰も最初から望んでいる人はいないにせよ、世界からなくなることのない事実のひとつです。誰も喜んでやる人はいないけれど、なくしてしまうこともできないということも、この世の中にはいろいろあって、「妊娠中絶」もそのひとつです。

そして、初期の「妊娠中絶」は、医療プロセスとしては、最も安全な外科手術のひとつ、と言われています。

女性が妊娠初期に「産まないようにしよう」と思うと、その安全な方法は、存在します。宗教的、文化的理由で、妊娠中絶を禁止している国は、世界に存在しますが、妊娠中絶を禁止しても、妊娠中絶しようとする女性はあとを絶たないから、妊娠中絶を禁止している国では、妊娠中絶は危険なものになる、というのが、国際保健の常識です。

世界の女性たちの命をまもるためには、「安全な妊娠中絶」は、存在すべき重要な医療プロセスのひとつである、と言えます。

あなたのおかあさんは、そういう方法が存在することを知っていたけれど、あなたを「産まないようにしよう」とは、思わなかった。

あなたが健やかにおなかの中で育つことを愛で、四〇週間に近い時間、あなたを自分のおなかでまもってくれた。

◆存在だけで完璧

原始卵胞のひとつだったあなたは、こうしたおかあさんの、あなたを産もうとする意志に支えられて、長い時間をおかあさんのおなかで、すごい勢いで成長しながらすごしました。

そしておかあさんはあなたを産んでくれて、そのまま放っておけば、かならず死んでしまう生まれたばかりの赤ん坊であるあなたを、やさしく抱きとめてくれた。

産んだおかあさんがやさしく抱きとめることがなければ、赤ちゃんは生き延びられません。すべての人間は、産んだおかあさんがそうしてくれたからこそ、いま、生きているのです。

そうしたおかあさんの意志と決断の果てに、あなたという人がいま、ある。

だから、あなたは完璧な存在です。

天文学的な確率を生き延び、おかあさんの思いを一身に受けて、この世に存在するあなたのからだは、だから、それだけで完璧な存在なのです。あなたのからだは、存在するだけで、ひとつの世界の体現なのです。

からだへの信頼、ひいては、人生への信頼、というものは、それを知ることで自ずと生まれてくるのではないでしょうか。

自分のからだについてわかっていることもあるし、よくわからないこともある。しかしあなたのからだは、とても賢くて、ここまであなたを生き延びさせるだけの力を備えていた。

これから起こってくるあなたの知らないことについても、あなたのからだは信頼できるものです。

困ったときには、病院や医療施設や医師や専門家が助けてくれますが、まず、あなたのからだを信頼し、あなたのからだに問うてみる習慣をつけてみてください。

若い娘であるあなたは、これから人生でいろいろなことに出合い、知らない体験にさらされていきます。しかし、あなたはどのようなことにでも対処できて、どのようなときにも明るく、自らと自らのまわりを幸せにする力を発揮していくでしょう。

それはすべて、あなたのからだが支えてくれる、ということを、どこかで覚えていてくださいね。

選択

◆食べたいお菓子を選べる

「選ぶことができる」、というのは、よいことだと思いますよね。食べたいお菓子を選ぶことができる、好きなハンバーガーの種類を選ぶことができる、好きな服を選ぶことができる、スマホのカバーも選ぶことができる。思うようにならないことはあるけれど、勉強したい学校とか、入りたいクラブなども選べる。職業だって、選べるでしょう。

「昔の人は違った」とか「昔はこうだった」という言い方をあなたも聞いたことがあると思う。昔の女の子は、みんな若くしてお嫁に行かなければならなくて、女は勉強なんかしなくていい、と言われていて、自分の人生を選ぶことができなかった。いまは、誰もそんなことは言わない。男も女も勉強をしたいなら、やりたいだけやることができて、結婚したくなければ、結婚しない人生もある、とみんな思っているから、二〇歳になったあなたに無理矢理お嫁に行きなさい、なんて言う大人はおそらく周囲にそんなにいません。

そういう意味で、時代は変わりました。それはよき方向への変化であった、と言える、とみんな信じています。わたしだってそうです。食べるものも満足になく、寒さに震え、やりたいこともできずに、生まれた家の周辺で人生を終える、というのはとてもつらいことに見えました。自分の人生を自分で選択していけるように、力をつけていくことが成長、というものだと思っていましたし、実際にそのように生きてきました。年を重ねるごとに、選択していけることが増えて、それはとても幸せなことでした。

◆お金と仕事と家族

あなたのような若い娘だったころ、人生はほんとうにたいへんだった。お金もないし、自分で生きていく力もないし、誰とどんな人生をすごしていくのかも想像できなかったし、人生が思うようになるのかならないのかもわからなかったし、若いということはつらいものだと思っていました。

二〇代も、まだまだお金もないし定まった仕事もないし、家族のこともよくわからないし、つらかったのですが、三〇代をすぎるころから、人生はどんどん楽になっていきました。自分でどうやってお金を稼いでいくのか、勘どころがつかめるようになっていたし、愛しあって生きるということのすばらしさも知ったし、子どもを持ち、家族を持つ喜びにも恵まれました。人生は、年を経るごとに、穏やかになっていくものだ、と感じはじめるようになり、六〇代目前のいまは、いろいろなことがあるけど、とても幸せだなあ、と思うような毎日を更新しています。年をとる、というのはなかなか含蓄《がんちく》のある、味わい深いものです。そして、「選択」できた人生の分岐点のそれぞれを、ありがたく思います。

◆進歩が人と敵対する？

選択。それは基本的に、ですから、よきものではあります。しかし、人間の社会の複雑さは、無限の選択をよきもの、としたために、いっそう複雑になってきました。

あなたも学校で歴史を習ったり、本を読んだりして、人間がやってきたことをいろいろご存知だろうと思います。長い歴史の中で、二〇世紀後半から、わたしたちがいま生きている二一世紀という時代は、とても特別な時代のようです。

人間の文明、というものは、もともと、「人間としてのもとのかたち」、それは、とりもなおさず、「生まれて、次の世代を残して、死ぬ」というものであると思いますが、その基本のかたちを強化するようにつくられてきたものでしょう。文明が進む、ということは、「生まれて、次の世代を残して、死ぬ」という人間の生き物としてのもともとのサイクルがうまく動くように、いろいろな仕組みやものをつくっていく、というものだったのです。

ところが二〇世紀後半以降、いまに至るこの文明、それをなんと呼びましょうか。科学技術の時代、高度消費社会、あるいは簡単に、とても進んだ近代社会、と言ってもいいのかもしれない。この「現代」は、いままでの文明と大きく違う点があるのではないでしょうか。

いまの文明が進めば進むほど「生まれて、次の世代を残して、死ぬ」という人間の基本的なかたちと、文明自体が敵対するようになる。そのような、はじめての時代をわたしたちは生きているようです。話がむずかしいですか？　そうでもないですよね。

聡明なあなたは、なぜ人類を滅亡させる可能性さえある「原子力」を人間がさらに発展させようとしているか、について疑問を持ったことがあると思うし、ロボットや人工知能が活躍する時代が、果たして、ふつうに暮らす我々に幸せをもたらすのか、考えてみたこともあると思う。そういうことです。科学や技術や文明の進歩は、いまの時代においては「人間が生まれて、次の世代を残して、死ぬ」という基本的なありように、敵対することもありうるのです。

◆「選択」を強いられる時代

この本は、若いあなたたちに伝えたい、「性のお話」です。性のお話、とは、要するに「人間が生まれて、次の世代を残して、死ぬ」ことに関わる話です。

お産の話とか、人を愛する話とか、おっぱいの話とか、そういう話をしてきました。しかしこれらの人間の基本形としての「性」にまつわることは、じつはこの現代社会のありようと、敵対するようなことがあるかもしれない、ということを最後にお伝えしなければならない。

それは、これからあなたの人生において、昔の人にとっては「選択の対象」でもなかった「性と生殖」に関わることを、あなたは深い洞察力を持って「選択しなければならない」

というような事態が次々と起こっていく、ということでもあります。

ほんの少し前まで、たとえば、妊娠する、ということは、男と女が愛しあった先に起こることだった。誰か好きな人ができて、一緒に暮らすようになって（多くの場合、結婚などもして）、顔を見たらいつもくっついていたくなって、しょっちゅうセックスする、というようなことをしていたら、いつの間にか妊娠しました、というのが世界で最も多いパターンでした。男と女が愛を交わすことなく、つまりはセックスしないで子どもができる、とか、そういうことは人類がはじまってからほとんど経験しないことだった。

ところがいまは違います。「生殖技術」というものが発展して、精子と卵子を取り出して受精させる技術もさまざまに開発されてきました。ふつうにセックスをしていても子どもができない「不妊」に悩む人たちの役に立ちたい、という科学者や医学関係者たちの努力の末に獲得した技術です。いまでは、世界中で、「セックスを経ないで」生殖技術で生まれてくる子どもたちが、たくさんいるのです。あなたは、だから、将来子どもを持ちたい、と思うときに、「生殖技術」という「選択」があることを否が応でも、頭に入れなければならなくなります。

◆やっぱり幸せなこと

妊娠中に、胎児のさまざまな検査をすることが可能になり、赤ちゃんの状態を生まれる前からいろいろ知ることができるようになりました。それも医学の進歩、と言えますが、まだ妊娠初期に、自分の子どもに遺伝的な疾患があるかどうかを知ることができる検査がある、ということは、あなたは、妊娠したら、そういう検査をするかどうか「選択」しなければならなくなる、ということです。そのほかにも、たくさんの「性と生殖」に関する、昔の人には考えもつかなかった「選択」の可能性があなたの前に広がり続けます。

人間が、人間として、「選択」しようもないようなむずかしいことを、若い女性たちに強いなければならない時代になったことを、前を行く世代のわたしは、あなたたちに申し訳ない、と思う。しかし、わたしたちは、誰しも、自分の生きている時代、生まれた場所に、制限と可能性を得ながら生きていくことが求められる。

あなたにはたくましくなってもらわなければならない。このむずかしい「選択の時代」にあって、なお、わたしは性と生殖に関わることのときめきや、喜び、限りない幸せについて、あなたに伝え続けていきたい、と思います。それは人間が人間である、いちばん根幹につながる、最も美しく、喜びに満ちたことであるからです。
若い娘であるあなたの日々が、どうか今日もきらきらと輝いていますように。

あなたはどこからきたのか

◆一冊のノートを用意しましょう

誰に聞く必要もない。なんの本も読む必要もない。考えてみましょう。「あなたはどこからきたのか」。

どこからきたのか？　おかあさんのおなかから？　それはそう。この本はそのことについて説明しているのです。「性の話」ですからね。でもそれだけでは十分でないことを、あなたはすでに知っています。

「あなたはどこからきたのか」

生命の大いなる流れの中、いま、あなたという人がそこに存在している。問うてみましょう。あなたは何者なのか。そういう質問に答えるために、たしかに人類はさまざまな学問を発達させてきたのだし、あなたもたくさんのことを学校で勉強として習っては、いる、と思う。でも、あなたにはあなただけの答えが、あなたの中にあると思う。

自分はどこからきたのか、自分は何者なのか。あなたは、本当は、わかっているのだと思う。生きていくとは、その問いをかたちにしていくことだと思います。

あなたが何者なのか、どこからきたのか、を語ることは、まずは具体的には、自分の家族について語ることでもあります。あなたが何者なのか、は、まず、あなたを産んだおかあさん、おとうさん、あるいはあなたをずっとまもってきた人と深い関わりがあるのは当然です。

一冊のきれいなノートをあなたのために、自分で買いましょうか。そして、ペンを持って書きはじめましょう。

「わたしはどこからきたのか」

◆ レポートの課題

おかあさんのこと、おとうさんのこと、おじいちゃんのこと、おばあちゃんのこと、その人たちに影響を与えた人のこと、その人の住んでいた土地のこと。「あなたはどこからきたのか」、この質問には、あなた自身が答えることができる。書きはじめれば、書き続けることができる。そういうものです。そういうものと知りつつ、具体的に、誰になにを聞いてみることにしましょうか。

誰からでもいい、あなたがいちばん親しくて、大好きで、話を聞いてみたい人からはじめましょう。

おかあさんとかおばあちゃんに、お産の話から聞いてみたらどうでしょうか。

わたしは女子大学で長いこと「健康教育」という授業をおしえてきたのですが、「誰かの出産の経験を聞いてくる」というレポートをいつも課題として出してきました。ほとんどの人は、自分のおかあさんやおばあちゃんに話を聞いてきてくれます。自分の生まれたときの話、きょうだいの生まれたときの話、おばあちゃんならば、けっこうたくさんの子どもを産んでいた話。

ほとんどの学生さんは、「いままでこんな話をしたことはなかった。こういう話がおかあさんとできてよかった。自分が生まれたときの話を聞いて、自分のことを大切に思えるようになった」とおっしゃいます。こういう話って、レポートでもでないことには聞く機会がないのです。

若いあなたの、おそらく、多くは、一度くらいは経験することになりそうなお産の話を、女性の先輩から聞かせてもらうこと、そして近しい人に語ってもらうことは、とてもすてきな経験です。

◆一生忘れないこと

お産を経験した女性は、それがどのような結果であったにしても、生涯その経験を忘れることはありません。わたしには男の子どもしかいないので、自分のお産の経験を話したことはありませんけれど、聞かれたらいろいろ話したいこともあります。

最初のお産は、ブラジルの北東部と呼ばれるところにある、田舎の病院でした。

ふつう赤ちゃんというのは頭が下で、頭から産道を通って生まれてくるのですが、ときおり、逆子、と言って頭が上になっていることがあります。妊娠中に自然に頭が下になることもあるのですが、ひとり目の赤ちゃんは、最後まで頭が上だったので、「帝王切開」と呼ばれる手術での出産となりました。逆子でもふつうに出産ができることは昔から知られていますが、病院などの施設だと、こういう、手術での出産になることも多いのです。三五〇〇グラムを超える大きな男の赤ちゃんを胸に乗せてもらったときのうれしさは、三〇年近くたったいまも、忘れることがありません。

二人目のお産をしたのは、ロンドンの街の真ん中の病院です。ひとり目が帝王切開でも、二人目はふつうに産めそうですね、と当時のイギリスのドクターは自信を持っておっしゃって、手術にはならずに、下から産みました。この子も三五〇〇グラム近い大きな赤ちゃん。こちらも生まれてきてすぐに、胸に抱っこしましたが、指が長くてきれいで、なんてかわいらしかったことでしょう。

かように、わたしは世界中のあちこちでお産をしたわけで、話すことも多いのですけれど、ひとりひとりのお産の話は、それがいかなるものであったとしても、女性にとっては語るに足る、自分の人生のコアになるような経験です。

◆おばあちゃんのおばあちゃんは

お産の話を聞いたら、次は？　おばあちゃんの好きだった人の話とか、どうかな。おじいちゃんに会ったときの話とかはどうかな。おばあちゃんの生まれた街はどんなところで、おばあちゃんのおとうさんとおかあさんはどんな人だったのでしょう。

おばあちゃんと話ができる、ということは、そのおばあちゃんは、自分のおばあちゃんやひいおばあちゃんのことも話せるかもしれません。二〇一八年現在、あなたのおばあちゃんたる人は、六〇代か七〇代くらいでしょうか。第二次世界大戦が終わってしばらくして、日本の高度成長期の中で育ってきた人たちです。日本のおどろくような変化について、話すことができるでしょう。

いまは、二一世紀ですけれど、あなたのおばあちゃんの、また、おばあちゃん、にあたる人は、二〇世紀のはじめ、一九〇〇年の前後に生まれた人でありえます。歴史の教科書で見れば、二〇世紀の初頭なんて、はるかな昔、と思うかもしれないけれど、あなたがいま、ゆっくり話を聞くことができる人が、出会って、覚えている人が生きていた時代なのです。

◆大切な一冊

こうしてあなたがノートに書いていくこと。あなたのおかあさんの話、おばあちゃんの話、そしてあなたの生まれた土地の話、おとうさんの育った土地の話、おじいちゃんの仕事の話。通った学校の話、そのときの歴史背景。

あなたがあなたの家族に聞いて、書いたこと、また、あなた自身があなたの家族やあなたの住んでいるところについて考えていることを書いたこと。それはあなたにとって「家族の書」となり、世界でただひとつのオリジナルな、そしてあなたの存在を深く物語る一冊となります。「あなたはどこからきたのか」に答えるための、大切な一冊なのです。

ご家族がおられない、という方もあるかもしれないですね。

でもあなたがここまで育ってくる中で、あなたとともに暮らしてきた人、あなたの育ちを見守ってくれた人、は、かならずおられるはずです。そういう人がいないと、あなたはいま、ここに存在していないから。そういう方の話を聞いてみましょう。

そういう方はあなたになぜ家族がいないのか、も話してくれるかもしれない。そして、あなたはあなたなりの「わたしはどこからきたのか」のストーリーを紡《つむ》ぐことができます。

あなたには家族はいなくても、あなたはこれから家族をつくるでしょう。その家族があなたのストーリーを継いでいくことでしょう。

ひとりの人間の生は、それだけで、人類の歴史のすべてを受け止められるような、豊かな存在です。

あなたがどこからきたのか、あなたは何者なのか。

あなたとあなたの家族の物語は、書きとめられることで、あなたはどこからきたのか、を物語ることになるのです。

あとがき

わたしたちのからだについて、わたしたち自身は、よくわかっていないことが多すぎます。毎日このからだに付き合ってもらっているけれど、じつはよく知らないのです。

たとえば、背骨。あなたには背骨があります。だから立っていられるし、動けるし、生きていられます。背骨。背骨（専門的なことばで椎骨《ついこつ》とか脊椎骨《せきついこつ》とか言いますが）は何個あるか知っていますか？　多くの大人も知らないと思います。首の骨は頸椎《けいつい》と言って七個あって、次にいわゆる背中の骨、胸椎が一二個あって、腰の骨、腰椎が五個あって、その下に、大きな仙骨、そして尾骨、があるのです。ほとんど間違いなく誰にもこの数の骨がある。そしてこれだけの数の骨に分かれているから、からだがしなやかに動く。

わたしたちの骨、筋肉、内臓、神経……いろいろなものの統合されたひとつの完璧なかたちが、いまのあなた、です。これらはいったいなにによって、統合されたあなたになり、あなたのこころや感情や意識が生まれてくるのか。「性」に関わることは、この、未知の領域であり続けるからだの、もっとも神秘的な部分に関わることでもあります。

わたしたちはわからないことが多すぎるし、知らないことも多すぎる。それでも人類はこんなに長い間、生きてきたし、次の世代を残してきたし、死んできた。その途上で、「近代医療」、具体的には「薬」とか「手術」とか「治療」の助けを借りることもできるようになりましたが、それは、人間の歴史の中で起こった、ほんの最近のことにすぎない。

それまで、知らないままでも神秘的なままでも、ただはたらき続け、次世代をはぐくみ続けてくれたわたしたちのからだ。あなたが、そのからだを誰よりもまず、あなた自身がこころから愛おしいと思えるように。そのからだに信頼をおくことができるように。これから起こってくる未知のことに、喜びをもって向かえるように。必要なときには「専門家」や「医療」の助けも賢く選択し、求められるように。

祈りをこめて、あとがきとします。

二〇一八年四月二〇日

三砂ちづる

著者略歴

三砂ちづる（みさご・ちづる）

1958年山口県生まれ。兵庫県西宮育ち。津田塾大学国際関係学科教授、作家。京都薬科大学卒業、ロンドン大学Ph.D.（疫学）。著書に『オニババ化する女たち』（光文社新書）、『昔の女性はできていた』（宝島文庫）、『月の小屋』（毎日新聞出版）、『女が女になること』（藤原書店）、『女たちが、なにか、おかしい』（ミシマ社）、『死にゆく人のかたわらで』（幻冬舎）、『五感を育てるおむつなし育児』（主婦の友社）、訳書にフレイレ『被抑圧者の教育学』（亜紀書房）、共著に『家で生まれて家で死ぬ』（ミツイパブリッシング）他多数。

少女のための性の話

2018年5月25日　第1刷発行
2023年6月6日　第3刷発行

著　者◎三砂ちづる

ブックデザイン◎藤田知子

発行者◎中野葉子
発行所◎ミツイパブリッシング
〒078-8237 北海道旭川市豊岡7条4丁目4-8
トヨオカ7・4ビル　3F-1
電話 050-3566-8445
E-mail: hope@mitsui-creative.com
http://www.mitsui-publishing.com
印刷・製本◎モリモト印刷

ISBN 978-4-907364-09-0